浙江省普通高校"十三五"新形态教材

国际贸易系列教材

FOREIGN TRADE CONTRACT PRACTICE

外贸接单实务

黄 艺 / 主 编

王 峰 / 副主编

ZHEJIANG UNIVERSITY PRESS
浙江大学出版社

图书在版编目（CIP）数据

外贸接单实务 / 黄艺主编. — 杭州 ： 浙江大学出
版社，2018.12
ISBN 978-7-308-18605-6

Ⅰ．①外… Ⅱ．①黄… Ⅲ．①进出口贸易—原始凭证—
高等学校—教材 Ⅳ．①F740.44

中国版本图书馆CIP数据核字（2018）第208059号

外贸接单实务

黄　艺　主编

丛书策划	朱　玲
责任编辑	曾　熙
责任校对	郝　娇
装帧设计	春天书装
出版发行	浙江大学出版社
	（杭州市天目山路148号　　邮政编码　310007）
	（网址：http://www.zjupress.com）
排　　版	杭州林智广告有限公司
印　　刷	杭州高腾印务有限公司
开　　本	787mm×1092mm　1/16
印　　张	8
字　　数	165千
版 印 次	2018年12月第1版　2018年12月第1次印刷
书　　号	ISBN 978-7-308-18605-6
定　　价	29.00元

浙江大学出版社市场运营中心联系方式：0571-88925591；http://zjdxcbs.tmall.com

前　言

随着经济全球化和一体化进程的加快，国际（地区间）贸易的发展日新月异。跨境电商、市场采购等新型贸易方式作为传统国际（地区间）贸易方式的有力补充，为传统国际（地区间）贸易方式注入了新的活力。现代国际（地区间）贸易发展需要掌握新知识和新技能的复合型人才。

▶▶ 外贸接单实务导课

外贸接单实务课程紧跟时代发展的步伐，将最新的国际（地区间）贸易发展变化纳入授课内容中，是由国际贸易专业教师和义乌外贸企业专家依据外贸业务员岗位标准共同开发的外贸业务员实操课程。该课程配套的教材主要有以下四方面的特点。

一是课程体系对接工作过程。教材以企业具体出口业务为背景，突出工作过程的主体地位，围绕外贸接单业务这一主线，按照实际工作情境构建课程结构，以工作任务为纽带架构整个业务过程。

二是课程结构对接学生认知特点。强调专业理论知识为业务操作服务，相对淡化理论教学，重视实践教学，通过在每章都设置与其知识技能相关的能力训练，提高学生实际操作的技能。

三是课程内容对接实际业务。教材引用企业的实际业务案例，学生通过系统的案例业务操作，能达到外贸业务员工作岗位的基本要求。

四是教材形式新形态化。课程教材采用"立方书"的形式，不仅支持多种类型的学习资源的线上展示，如视频、音频、作业、拓展资源、主题讨论等，还可以通过二维码的互联，将作者、教师、学生联系起来，共同参与，及时互动；同时，借助移动终端，支持"翻转课堂"教学和"随时随地"学习。

本教材的编写在课程负责人的带领下，由义乌工商职业技术学院外语外贸学院外贸接单课程组授课教师（王峰、钱坤、吴小渊和姜申心）和义乌市正丽供应链管理有限公司外贸专家（钱栋和金建峰）共同编写完成，在此对他们的辛勤付出表示诚挚的感谢。

本教材属于浙江省普通高校"十三五"新形态教材项目和浙江省高校"十三五"优势专业建设——义乌工商职业技术学院国际经济与贸易专业（浙教高教〔2016〕164号文件）基金项目。

因编者对新形态教材编写经验不足，本教材中还存在许多值得提高的地方，欢迎广大专家学者批评指正。

编　者
2018 年 10 月

第一篇 **接单实务**

项目一 从事国际（地区间）贸易前的准备
　　任务一　认识国际（地区间）贸易方式 / 2
　　任务二　获取从事国际（地区间）贸易的资质 / 5

项目二 寻找货源
　　任务一　选择外贸产品 / 16
　　任务二　选择供应商 / 20

项目三 寻找客户
　　任务一　寻找出口贸易客户的途径和方法 / 29
　　任务二　寻找进口贸易客户的途径和方法 / 40

项目四 进出口报价
　　任务一　货物出口报价 / 48
　　任务二　进口报价计算 / 58

第二篇　**合同实务**

项目五　认识国际（地区间）货物买卖合同
　　任务一　国际（地区间）货物买卖合同概述　/ 67
　　任务二　合同在国际（地区间）贸易中的重要作用　/ 72
　　任务三　影响国际（地区间）贸易合同的因素　/ 75

项目六　起草和签订国际（地区间）货物买卖合同
　　任务一　国际（地区间）货物买卖合同的结构　/ 82
　　任务二　起草精确的合同条款　/ 93

项目七　国际（地区间）货物买卖合同履行中的法律问题
　　任务一　买卖双方的权利和义务　/ 103
　　任务二　违约与救济　/ 108
　　任务三　国际（地区间）贸易争端解决的途径　/ 113

　　参考文献　/ 121

第一篇

接单实务

项目一 从事国际（地区间）贸易前的准备

学习目标

知识目标： 了解国际（地区间）贸易的分类，了解建立外贸公司的程序和步骤，主要涉及的部门，知晓建立外贸公司需要准备的材料及应当注意的问题。

能力目标： 能够辨别各类国际（地区间）贸易方式，能够对建立有限责任公司的要求有一定了解，能够知晓对外贸易经营者备案登记的程序。

素质目标： 培养外贸业务员所需的知识素质和能力素质，培养不断学习、勇于实践的精神。

业务背景

本章内容介绍了从事外贸进出口经营业务的基础知识，包括如何建立一家有限责任公司，如何进行对外贸易经营者备案登记，需要和哪些部门打交道，以及需要准备何种相关材料才能够成立一家进出口贸易公司。

工作任务（案例）

李想、秦奋、吕力和冯博是四个刚从某高校国际贸易专业毕业的学生。他们四个在学校时就参加过校企合作的项目，在外贸企业里学习了整整一年，除了具备扎实的国际贸易的理论知识，还有比一般毕业生丰富得多的实践经验。在这个大众创业、万众创新的时代，四个小伙子响应国家鼓励创业的号召，想要集中各自的优势，在时代的浪潮里拼搏一把，尝试开办一家进出口公司。在学校里，虽然学过一些企业经营管理的课程，但还缺乏这方面的实践。

任务1. 请你帮助李想他们确定公司的性质。

任务2. 请你帮助他们建立公司并获取进出口经营权。

知识准备

■ 国际贸易和国际贸易的分类

任务一 认识国际（地区间）贸易方式

国际（地区间）贸易（international / regional trade）是指不同国家（地区）之间的商品和劳务的交换活动。国际（地区间）贸易按照不同的分类方式，可以划分为不同的类型。按商品移动的方向，国际（地区间）贸易可划分为进口贸易（import trade）、出口贸易（export trade）和过境贸易（transit trade）。

TIPS

由于过境贸易对国际（地区间）贸易的阻碍作用，WTO 成员之间互不从事过境贸易。

根据其组织形式可以分为协定贸易方式、有固定组织形式的贸易方式和无固定组织形式的贸易方式。

1. 协定贸易方式

协定贸易是根据缔约成员之间签订的贸易协定而进行的贸易，可分为双边贸易协定和多边贸易协定，政府间的贸易协定和民间团体签署的贸易协定。

2. 有固定组织形式的贸易方式

有固定组织形式的贸易方式是按照一定的规章和交易条件，在特定地点进行交易的贸易方式，主要有商品交易所、国际（地区间）拍卖、招标与投标、国际（地区间）博览会等，在国际（地区间）贸易中，对某些商品特别是大宗商品的买卖，通常采用有固定组织形式的贸易方式。

3. 无固定组织形式的贸易方式

无固定组织形式的贸易方式是指不按照固定的规章和交易条件，在非特定的地点进行交易的较为灵活的贸易方式，大体可分以下两类。

（1）单纯的商品购销方式，如单边出口和单边进口。

（2）与其他因素结合的复合的购销方式，主要包括代理、包销、定销、寄售、补偿贸易、易货贸易、加工贸易、租赁贸易等，这种方式具有很大的灵活性，能够适应国际（地区间）贸易中各种不同的需要。

一、国际（地区间）贸易方式

贸易方式是指贸易中采用的各种方法。除采用逐笔售定的方式外，传统的贸易方式还有包销、代理、寄售、拍卖、招标与投标、期货交易、对销贸易等。

随着国际（地区间）贸易的发展，贸易方式亦日趋多样化，出现了市场采购贸易方式等新型贸易方式。市场采购贸易方式是指由符合条件的经营者在经国家商务主管等部门认定的市场集聚区内采购的、单票报关单商品货值 15 万（含 15 万）美元以下，并在采购地办理出口商品通关手续的贸易方式。

二、国际（地区间）贸易方式分类

国际（地区间）贸易方式可以分为以下几种类型：一般贸易、补偿贸易、来料加工装配贸易、进料加工贸易、寄售代销贸易、边境小额贸易、租赁贸易、出料加工贸易、易货贸易、境外加工贸易等。

国际（地区间）
贸易方式

（一）一般贸易

一般贸易是指我方境内有进出口经营权的企业单边进口或单边出口的货物。货款援助的进出口货物，外商投资企业进口供加工内销产品的料件，外商投资企业用境内产的材料加工成品出口或自行收购产品出口，宾馆饭店进口的餐饮食品，供应境外船舶或飞机的境内产的燃料、物料及零配件，境外劳务合作项目中以对方实物产品抵偿我方劳务人员工资所进口的货物（如钢材、木材、化肥、海产品），境内企业在境外投资以实物投资部分带出的设备、物资等，均按一般贸易统计。

（二）补偿贸易

补偿贸易是指由境外厂商提供或者利用境外出口信贷进口生产技术或设备，由我方进行生产，以返销其产品方式分期偿还对方技术、设备价款或货款本息的交易形式。如经批准，也可以使用该企业（包括企业联合体）生产的其他产品返销对方，进行间接补偿。

（三）来料加工装配贸易

来料加工装配贸易是指由外商提供全部或部分原材料、辅料、零部件、元器件、配套件和包装物料，必要时提供设备，由我方按对方的要求进行加工装配，成品交对方销售，我方收取工缴费，对方提供的作价设备价款由我方用工缴费偿还的交易形式。

（四）进料加工贸易

进料加工贸易是指我方用外汇购买进口的原料、材料、辅料、元器件、零部件、配套件和包装物料，加工成品或半成品后再外销出口的交易形式。进料加工贸易也可采取对口合同的交易形式，即买卖双方分别签订进口和出口对口合同。料件进口时我方先付料件款，加工成品出口时再向对方收取成品款。

（五）寄售代销贸易

寄售代销贸易是指寄售人把货物运交事先约定的代销人，由代销人按照事先约定或根据寄售代销的协议规定的条件，在当地市场代为销售，所得货款扣除代销人的佣金和其他费用后，按照协议规定方式将余款付给寄售人的交易形式。寄售人与代销人之间不是买卖关系，而是委托关系，代销人对货物没有所有权。

（六）边境小额贸易

边境小额贸易是指我国沿陆地边境线经国家批准对外开放的边境县（旗）、边境城市辖区（以下简称边境地区），有边境小额贸易经营权的企业，通过国家指定的陆地口岸，与毗邻国家边境地区的企业或其他贸易机构之间进行的贸易活动，包括易货贸易、易现汇贸易等各类贸易形式。

（七）租赁贸易

租赁贸易是指承办租赁业务的企业与外商签订国际（地区间）租赁贸易合同，租赁期为一年及以上的租赁进出口交易。

（八）出料加工贸易

出料加工贸易是指将我方境内原辅料、零部件、元器件或半成品交由境外厂商按我方要求进行加工或装配、成品复运进口，我方支付工缴费的交易形式不包括"带料加工出口"。"带料加工出口"是指我方在境外投资开办企业，将我方境内的原辅料、零部件、元器件或半成品运至境外加工或装配，成品在境外销售的带料加工出口项下运出境的货物，应按实际贸易方式统计。如机械设备、原材料等出口按"一般贸易"统计；来料、进料加工成品出口按"来、进料加工贸易"统计；租赁出口按"租赁贸易"统计。

（九）易货贸易

易货贸易是指不通过货币媒介而直接用出口货物交换进口货物的贸易。

（十）境外加工贸易

境外加工贸易是指境内企业以现有的技术、设备投资为主，提供原材料、零配件或产品设计技术，在境外设厂、加工装配，成品就地销售的国际（地区间）经贸合作方式。

任务二　获取从事国际（地区间）贸易的资质

对于准备创业的人来说，第一步就是要成立自己的公司。成立公司的好处是合法经营，所有都是正当经营所得，由于是以公司的形式进行合作，对方也不会担心合作方是个人而产生信任缺失的问题。但是成立公司需要一些成本，一年仅代理记账就需要 2000~3000 元，还不包括房租及时间成本。一般而言，创业者在开公司前必须明确几点：① 有没有自己的创业团队；② 有没有资金投入；③ 有没有可行的商业模式，有没有持续稳定的收入；④ 有没有业务范围。

李想、秦奋、吕力和冯博四位同学根据自己的实际情况，决定成立一家进出口公司，那么成立一家公司需要经过哪些流程，我们一起来看一下。

一、如何选择公司类型

按照最新的公司法规定，"公司是指依照本法在中国境内设立的有限责任公司和股份有限公司"。所以，我们讲的公司，一般就分为有限责任公司和股份有限公司两种。

如何选择公司类型

（一）有限责任公司

有限责任公司，简称有限公司，股东以其出资额为限对公司承担责任，公司以其全部资产对公司的债务承担责任。这类公司，根据公司法的规定，必须在公司名称中标明"有限责任公司"或者"有限公司"字样。

有限责任公司包括一人有限责任公司、国有独资公司以及其他有限责任公司。

有限责任公司由 50 个以下的股东出资设立。最低注册资本额为人民币 3 万元。出资人可以分期在 2 年内缴纳（即实行认缴制）。股东可以用货币出资，也可以用实物、知识产权、土地使用权等可以用货币估价并可以依法转让的非货币财产作价出资；但是，法律、行政法规规定不得作为出资的财产除外。其中现金出资比例不得低于 30%。

（二）股份有限公司

股份有限公司是指其全部资本分为等额股份，股东以其所持股份为限对公司承担责任，公司以其全部资产对公司的债务承担责任的企业法人。这类公司，根据公司法的规定，必须在公司名称中标明股份有限公司或者股份公司字样。

股份有限公司由 2 人以上 200 人以下的发起人组成，其中须有半数以上的发起人在中国境内有住所。

股份有限公司可以采取发起设立和募集设立两种方式。如采用发起设立，则由发起人认购公司应发行的全部股份；而采用募集设立，则由发起人应认购不少于公司股份总数的百分之三十五的股份（法律、行政法规另有规定的除外），其余股份向社会公开募集或者向特定对象募集。

股份有限公司的最低注册资本额为 500 万元人民币。股东可以用货币出资，也可以用实物、知识产权、土地使用权等可以用货币估价并可以依法转让的非货币财产作价出资；但是，法律、行政法规规定不得作为出资的财产除外。

股份有限公司的注册资本要求是公司的实有资本，也就是为在公司登记机关登记的实收股本总额。

无论是有限责任公司还是股份有限公司，其股东对公司承担的都是有限责任。

我们还应注意的是，股份有限公司是有限责任公司，但是并非所有有限责任公司都是股份有限公司。

TIPS

"分公司和子公司"

无论是有限责任公司还是股份有限公司都可以设立分公司。设立分公司，应当向公司登记机关申请登记，领取营业执照。分公司不具有法人资格，其民事责任由公司承担。公司可以设立子公司，子公司具有法人资格，依法独立承担民事责任。

二、成立一家有限责任公司的流程

在学习了上面所介绍的两种公司类型后，四位同学更根据自己的实际情况，决定要成立一家有限责任公司。

成立一家有限责任公司并非是一件简单的事情，涉及很多环节和步骤，主要流程为：① 组织公司股东，② 确定公司名称，③ 确定公司地址，④ 预定公司经营范围，⑤ 确定股东的出资，⑥ 确定公司的组织管理结构，⑦ 确定公司的法定代表人，⑧ 制定公司章程，⑨ 办理公司验资，⑩ 办理公司登记注册，⑪ 刻制公司印章，⑫ 开设公司正式银行账户，⑬ 办理公司税务登记，⑭ 颁发股东出资证明书。在实践中，上面的步骤并不是完全按顺序进行的，有的步骤可以并行或交叉进行。下面来看一下具体流程。

■ 成立一家有限责任公司的流程

（一）组织公司股东

股东即公司的出资人，也称为投资者，成立一家公司首先就是要组织一定数量的投资者。什么人可以成为公司的股东呢？除国家有禁止或限制的特别规定外，有权代表国家投资的政府部门或机构、企业法人、具有法人资格的事业单位和社会团体、自然人都可以成为公司的股东。

（二）确定公司名称

名称对企业来说是件非常重要的事情，就如同域名对一个网站的重要性，起个简单好记的名字可以方便以后办事。公司的名称由"地区＋字号＋行业特点＋组织形式"组成，比如"北京＋小米＋科技＋有限公司"。由于地域和组织形式较为固定，行业特点根据经营的业务便可确定一个大致的范围，因此，需要创业者（需要注册公司的人）特别注意的地方主要就是企业字号了。

■ 法人、企业法人和自然人的区别

为了防止重名或者不可用，一般我们会草拟 5 个公司名称，按顺序排列。然后去市场监督管理局办理企业名称预先核准。名称审核一般需要 1~3 个工作日，审核通过领取企业名称预先核准通知书。该公司名称会有 6 个月的有效期，需在 6 个月内办理公司注册业务。但是需注意的是，名称审核下来后，如果需要更改股东或名称形式需要调整，都要重新审核，甚至需要注销掉原名称，重新申请才行。

■ 确定公司字号的注意事项

（三）确定公司地址

公司地址主要指法人住所，即企业法人的主要办事机构所在地。主要办事机构是指首脑机构或主要管理机构。经营场所是指企业法人主要业务活动、经营活动的处所。企业法人住所和经营场所的法律意义是不同的，但在实际工作中，企业法人住所和经营场所往往是同一地点，这里统称为公司地址。企业法人住所和经营场所是构成企业法人的基本条件，也是企业法人进行民事活动不可缺少的条件，没有住

■ 确定公司地址需要注意的问题

所和经营场所的企业是不允许存在的。

（四）预定公司经营范围

经营范围是指国家允许企业法人生产和经营的商品类别、品种及服务项目，反映企

预定公司经营范围
补充内容

业法人业务活动的内容和生产经营方向，是企业法人业务活动范围的法律界限，体现企业法人民事权利能力和行为能力的核心内容。《公司法》对公司的经营范围有以下要求：① 公司的经营范围由公司的章程规定，公司不能超越章程规定的经营范围申请登记注册；② 公司的经营范围必须进行依法登记，也就是说，公司的经营范围以登记注册机关核准的经营范围为准。公司应当在登记机关核准的经营范围内从事经营活动；③ 公司的经营范围中属于法律、行政法规限制的项目，在进行登记之前，必须依法经过批准。

（五）确定股东的出资

这一步是注册一家公司的流程中比较实质性的一步，只有确定股东的资本投入，公司才能够真正地运行起来。公司的注册资本即为股东缴纳的股本总额，股东可以用货币出资，也可以用实物、工业产权、非专利技术、土地使用权作价出资。在本案例中，李想他们四位同学作为公司股东，分别采用现金资本和非货币资本两种方式出资，其中李想和秦奋各出资 2.5 万元人民币，作为现金资本，共出资 5 万元人民币。而吕力和冯博两位则分别以办公场所和办公设备的非货币资本出资，按照现金价格折算，分别为 3 万元人民币和 2 万元人民币，共计 5 万元人民币。由此四位股东的出资比例以及注册资本都确定了。

（六）确定公司的组织管理结构

在通常情况下，有限公司的组织管理结构由股东会、董事会、监事会、经理组成。

1. 股东会

股东出资的
具体内容

股东会是由全体股东组成的最高权力机构。股东是来出资的，既可以以钱出资，也可以以可估价的实物、知识产权、土地使用权等可用货币估价并可依法转让的非货币财产作价出资。例如，你有一辆汽车，或者你有一套房子，这种可以以价格评估的资产，都可以用来出资入股。相应地，股东们也会持有公司的股份，行使股东权力，决定公司经营方针和投资计划，选举出董事，简单来说，就是决定公司大方向上的事情。

2. 董事会

董事（董事长）是股东们一起开会选举出来的，董事可以有一位也可以有多位，多位董事就可以组成董事会。董事要做的事就是把股东会决定出来的东西细化。当然董事可以是股东，但股东不一定是董事。

3. 监事会

监事会作为公司治理结构下的监督机构与董事会地位平行。以保护本行、股东、职工、债权人和其他利益相关者合法权益为目标，对股东大会负责。立法者设立监事会制度，是希望监事会能够代表股东对企业经营者进行有效监督，防止经营者独断专行和滥权。根据《公司法》规定：股东人数较少或者规模较小的有限责任公司，可以设 1~2 名监事，不设监事会。

4. 经理

经理是公司中对内有业务管理权限、对外有商业代理权限的人。经理的作用就是具体实施董事会的决议。

上面讲的是一个有限公司最基本的组织管理结构，如果公司的规模较小，也有可能出现一人身兼几职的情况。

（七）确定公司的法定代表人

按照《中华人民共和国民法通则》（以下简称《民法通则》），法定代表人的概念是这样的：依照法律或者法人组织章程规定，代表法人行使职权的负责人，是法人的法定代表人。公司是一个企业法人，也就是说，它是一个经济组织，"组织"是一个静态的概念，所以必须有具体的人去代表它，也即公司的法定代表人。法定代表人代表企业法人的利益，按照法人的意志行使法人权利。法定代表人在企业内部负责组织和领导生产经营活动；对外代表企业，全权处理一切民事活动。所以说法定代表人是公司里很关键的一个人物。《公司法》规定：公司法定代表人依照公司章程的规定，由董事长、执行董事或者经理担任，并依法登记。

（八）制定公司章程

公司章程是关于公司组织和行为的基本规范。公司章程不仅是公司的自治法规，而且是国家管理公司的重要依据。公司章程具有以下作用：① 公司章程是公司设立的最主要条件和最重要的文件；② 公司章程是确定公司权利、义务关系的基本法律文件；③ 公司章程是公司对外进行经营交易的基本法律依据。公司章程是注册一家公司最主要的文件之一，它由股东共同制定，经全体股东一致同意，由股东在公司章程上签名盖章。

有限责任公司章程范本

（九）办理公司验资

依照《公司法》规定，公司的注册资本必须经法定的验资机构出具验资证明，验资机构出具的验资证明是表明公司注册资本数额的合法证明。依照国家有关法律、行政法规的规定，法定验资机构是会计师事务所和审计师事务所。简单地说，验资就是检查、辨别企业是否足额将资金投入到公司经营中，防止部分企业故意利用高额投资，获取国家的各类资源，那么这个就是验资的作用。

（十）办理公司登记注册

当前面所有的资料全部准备齐全之后，就可以向市场监督管理局申请公司的登记注册了，它主要包括以下几个步骤：① 凭企业名称预先核准通知书，向公司登记机关领取相应的公司登记注册申请表；② 准备所有市场监督管理局要求的资料；③ 由公司全体股东（发起人）指定的代表或共同委托的代理人将上面所有的材料递交给市场监督管理局，市场监督管理局收到申请人的全部材料后，发给公司登记受理通知书；④ 市场监督管理局发出公司登记受理通知书后，对提交的文件、证件和填报的登记注册书的真实性、合法性、有效性进行审查，并核实有关登记事项和开办条件；⑤ 予以核准的，市场监督管理局则会在核准登记之日起 15 日内通知申请人给予企业法人营业执照；⑥ 对核准登记注册的企业法人，市场监督管理局会在报纸上发布公告。

（十一）刻制公司印章

公司拿到企业法人营业执照之后，就必须刻制公司印章，公司印章是公司对外的代表，在使用各种合同、文件、支票、发票等情况下会用到，一般需要刻制以下几种印章：① 公司公章；② 财务专用章；③ 法定代表人私章；④ 发票专用章；⑤ 合同专用章。前面四种章是一定要刻制的，而合同专用章则可以根据具体需要而定。除私章外，公司印章并不是随便找某个人或某个刻章点就可以刻的，而是要找到具有公安局颁发的特种行业许可证的刻章单位才行，因为公司印章受到法律的保护和监督，刻制完后会在公安局备案。

（十二）开设公司正式银行账户

公司是一个经济组织，成立后是要开展经济活动的，这些都离不开跟银行打交道，开设公司的正式银行账户并不像我们到银行开一个私人账户那么简单。一般情况下，一个公司可以在银行里开设如下几种账户：① 基本账户，它是公司办理日常转账结算和现金收付的账户。公司的工资、奖金等现金的支取，只能通过基本账户办理。一个公司只能选择一家银行的营业机构，开设一个基本存款账户。② 一般账户，它是公司在基本存款账户以外的银行借款转存或与基本账户不在同一地点的附属非独立核算单位（如外地办事处）开设的账户。公司可以通过该账户办理转账结算和现金缴存。③ 临时账户，它是公司因临时经营活动需要建立的账户。公司可以通过该账户办理转账结算和根据国家现金管理的规定办理现金收付。④ 专用账户，它是公司因特定用途需要开设的账户。

一般情况下，一个公司开设一个基本账户（也只能开一个），然后根据需要可以开设一些一般账户或临时账户，专用账户除了特定需要外，一般是不会开设的。

（十三）办理公司税务登记

成立一家公司后就必须办理税务登记，这是众所周知的。国家有规定：自领取营业执照之日起 30 日内必须办理公司的税务登记。税收分为国税和地税两种，2018 年 7 月，省、市、县、乡国税局、地税局合并且统一挂牌，以后税务登记可到国税与地税整合后的统一平台办理。

（十四）颁发股东出资证明书

以上到政府机关办理手续的过程，一般是由全体股东委托其中某个股东或其他代理人进行，当这些手续全部办完后，回过头来就应该向全体股东反映并交代，即颁发股东的出资证明书。出资证明书是表现有限责任公司股东地位或者股东权益的一种证明。

三、对外贸易经营者备案登记

李想、秦奋、吕力和冯博四位同学经过一段时间的努力，终于成立了自己的公司——义乌市奇迹进出口有限公司。但是这并不意味着他们马上就可以从事进出口业务，因为根据相关法律规定，从事货物或技术进出口的对外贸易经营者，都应当向商务主管部门办理备案登记。否则，海关不予办理进出口货物的报关和验放手续。在这里我们来了解一下需要经过哪些步骤才能够取得进出口资格。

■ 对外贸经营者备案登记

（一）对外贸易经营者备案登记办法

1. 申报

首先，到公司所在地市场监督管理局办理经营范围变更手续，添加货物进出口、技术进出口经营项目。然后，到"商务部业务系统统一平台"进行申报（http：//iecms.ec.com.cn/iecms/index.jsp）或从本地商务局主网站申报入口进行申报，并按对外贸易经营者备案登记表要求认真填写所有事项的信息。

2. 需要提交的材料

对外贸易经营者应向所在地商务主管部门提交如下备案登记材料。

（1）按要求填写并下载打印的对外贸易经营者备案登记表。

（2）营业执照的复印件。

（3）外商投资企业需按《对外贸易经营者备案登记办法》的规定办理企业营业执照的增项变更，还应提交外商投资企业批准证书的复印件。

（4）个体工商户（独资经营者），需提交合法公证机构出具的财产公证证明；依法办理工商登记的外国（地区）企业，需提交经合法公证机构出具的资金信用证明文件。

3. 办理与查询

企业在进行网上申报后，需先携带以上书面材料到企业所在地商务主管部门进行初步审核，并开具受理凭证。商务主管部门对外贸易处对符合条件者，在5个工作日内办理备案登记手续，在对外贸易经营者备案登记表上加盖备案登记印章。

（二）对外贸易经营者备案登记管理

1. 对外贸易经营者备案登记表的变更

根据商务部《对外贸易经营者备案登记办法》的有关规定，对外贸易经营者如需变更对外贸易经营者备案登记表上的任何登记事项，应在变更起 30 日内办理变更手续。

2. 对外贸易经营者备案登记表的失效与撤销

（1）对外贸易经营者应凭加盖备案登记印章的对外贸易经营者备案登记表在 30 日内到当地海关、检验检疫、外汇、税务等部门办理开展对外贸易业务所需的有关手续。逾期未办理的，对外贸易经营者备案登记表自动失效。

（2）对外贸易经营者已在市场监督管理部门办理注销手续或被吊销营业执照的，自营业执照注销或被吊销之日起，对外贸易经营者备案登记表自动失效。

（3）对外贸易经营者不得伪造、变造、涂改、出租、出借、转让和出卖对外贸易经营者备案登记表。

（三）后续手续

1. 海关（进出口收发货人注册登记）

办理进出口收发货人注册登记，按照规定到所在地海关办理报关单位注册登记手续，并准备提交下列材料。

（1）企业法人营业执照副本的复印件（个人独资、合伙企业或者个体工商户递交营业执照）。

（2）对外贸易经营者备案登记表的复印件（法律、行政法规或者商务部规定不需要备案登记的除外）。

（3）中华人民共和国外商投资企业批准证书、中华人民共和国台、港、澳、侨投资企业批准证书的复印件（限外商投资企业递交）。

（4）企业章程的复印件（非企业法人免递交）。

（5）银行开户证明的复印件。

（6）报关单位情况登记表、报关单位管理人员情况登记表。

（7）其他与注册登记有关的文件材料。

预录入完毕，海关会提供海关的注册号和报关专用章印模，由企业自己去刻制。刻制好后到海关企业管理窗口提交印模，领取进出口收发货人报关注册登记证书。

2. 外汇管理局（外汇核销备案登记）

对外贸易经营者取得出口经营权后，应当到海关办理"中国电子口岸"入网手续，到有关部门办理"中国电子口岸"企业法人 IC 卡和"中国电子口岸"企业操作员 IC 卡电子认证，并赴本地外汇管理局办理核销备案登记手续。

（1）办理出口收汇核销备案登记可在第一笔出口业务需要领取核销单时，到外汇管理部门办理，并递交所需材料。外汇管理局审核材料无误后，为出口单位办理登记手续，建立出口单位电子档案信息。

（2）对外贸易经营者在外汇管理局备案登记的电子档案信息内容发生变更时，应当在办理市场监督管理局、海关等部门变更登记手续后1个月内，持有关部门变更通知，到外汇管理局办理变更登记手续，外汇管理局需在"中国电子口岸"变更该出口单位IC卡权限。

（3）对外贸易经营者因终止经营或被取消对外贸易经营资格的，应当在1个月内，持相关部门的有关文件到外汇管理部门办理注销登记手续，外汇管理部门需在"中国电子口岸"注销该出口单位IC卡权限。

3. 国家税务局（出口退（免）税认定）

退（免）税认定的出口商按以下时间要求办理出口退（免）税认定手续。对外贸易经营者在按《中华人民共和国对外贸易法》和商务部《对外贸易经营者备案登记办法》的规定办理备案登记后，自备案登记之日起30日内办理认定。特定退（免）税的企业和人员在出口合同签订之日起30日内办理认定。

（1）出口商在首次申请办理退（免）税认定时，应先向主管国税分局取得出口货物退（免）税业务认定核实表（以下简称核实表）。

（2）出口商应认真填写核实表有关内容（一式两份），并确保所填写内容是完整、准确和真实的，由企业法定代表人或个体工商负责人签字、盖章后报送至主管国税分局。

（3）主管国税分局应自收到核实表之日起5个工作日内完成对核实表中各项内容的调查核实工作，并在核实表中签署审核意见。将其中一份核实表交出口商，另一份核实表归档保存。

（4）出口商取得经主管国税分局签署意见的核实表后，即可到国家税务局进出口税收管理处退（免）税认定岗，领取并填写出口货物退（免）税认定表（以下简称认定表），同时需提交以下资料（原件及复印件，复印件上加注"与原件一致"并盖章）。

①出口货物退（免）税认定申请报告（原件，需电脑打印，内容主要包括企业基本情况，经营范围，开始生产、经营、出口的时间等情况）。

②国家市场监督管理部门核发的企业法人营业执照（副本）或工商营业执照（原件）。

③商务部及其委托机构签发的对外贸易经营者备案登记表。

④主管海关核发的自理报关单位注册登记证明书。

⑤银行基本账。

⑥经主管局签署意见的出口货物退（免）税业务认定核实表（原件）。

⑦主管退税的税务机关要求提供的其他证件、资料。

（5）退（免）税认定岗负责对认定表及相关资料进行审核，审核无误后，出具认定意见，注明认定日期，并将认定表中有关信息录入出口货物退（免）税信息管理系统。将其中一份认定表交出口商，另一份认定表及所附资料归档保存。

（6）实行"免、抵、退"税办法的出口商取得认定表后，应在首笔货物出口前，持认定表到各办税服务厅，在征收管理系统中办理出口货物退（免）税认定手续。

项目实训

▶ **实训内容**

根据成立一家进出口公司的要求，学生组成团队模拟完成相关流程手续。

▶ **实训目标**

1. 培养学生团队合作与协调能力。

2. 培养收集资料、分析资料并完成一般综合设计项目的能力。

3. 培养学生严谨求实、理论联系实际的科学学习态度。

▶ **实训步骤**

学生以 4~6 人为一组，模拟成立一家有限责任公司的流程，并完成以下环节：

① 股东确定，② 确定公司名称，③ 确定公司地址，④ 确定经营范围，⑤ 模拟股东出资，⑥ 模拟公司组织管理结构，⑦ 确定法定代表人，⑧ 确定公司章程。

此外，给进出口公司设置一些基本相关部门，并且为各个部门确定其工作职责。

▶ **实训步骤**

实训室、外贸公司等。

思考与练习

一、判断题（以下说法中对的打"√"，错的打"×"）

1. 有限公司的组织管理机构由股东会、董事会、监事会、总经理组成，不可以出现一人兼几职的情况。（　　）

2. 法定代表人在企业内部负责组织和领导生产经营活动；对外代表企业，全权处理一切民事活动。（　　）

3. 公司印章要找到具有公安局颁发的特种行业许可证的刻章单位才行。（　　）

4. 在你成为某个公司股东时，在公司登记后，是可以抽回出资的。（　　）

5. 在实际工作中，企业法人住所和经营场所可以是同一地点。（　　）

6. 有限责任公司是以注册资本为限来承担有限的责任。（　　）

7. 根据《公司法》的规定，一个人就可以注册有限公司。（　　）

8. 确定股东出资时，全体股东用货币出资的数量可以低于公司法定注册资本最低限

额的 50%。（　　　）

9. 公司章程不仅是公司的自治法规，而且是国家管理公司的重要依据。（　　　）

10. 土地使用权和房屋使用权均可以成为有限责任公司的出资方式。（　　　）

二、多选题

1. 国际（地区间）贸易根据其组织形式可以分为（　　　）。

A. 协定贸易方式　　　　　　　　　B. 有固定组织形式的贸易方式

C. 无固定组织形式的贸易方式　　　D. 不限形式的贸易方式

2. 一个公司可以在银行里开设哪几种账户？（　　　）

A. 基本账户　　　B. 一般账户　　　C. 临时账户　　　D. 专用账户

3. 公司一定要刻制的印章有哪几种？（　　　）

A. 发票专用章　　B. 公司公章　　C. 财务专用章　　D. 法定代表人私章

4. 对外贸易经营者备案不需要经过哪个部门审批？（　　　）

A. 商务局　　　　B. 公安局　　　C. 国税　　　　D. 市场监督管理局

5. 以下哪个不是常见的国际（地区间）贸易方式？（　　　）

A. 一般贸易　　　B. 租赁贸易　　　C. 易货贸易　　　D. 市场采购贸易

三、名词解释

1. 法定代表人。

2. 经营范围。

3. 自理报检单位。

4. 市场采购贸易。

5. 进料加工。

四、简答题

1. 国际（地区间）贸易通常有哪些分类方法？

2. 来料加工和进料加工有什么区别？

3. 公司类型有哪几种？

4. 股份有限公司和有限责任公司的区别是什么？

5. 公司章程的作用是什么？

项目二　寻找货源

学习目标

知识目标： 掌握通过网络以及批发市场寻找货源的方法，掌握通过批发市场和网络寻找货源的方法。

能力目标： 能够自主选择一种适销的进口或出口产品，学会从 B2B 网站寻找产品的求购信息，能通过批发市场和网络寻找货源，建立商品信息库，最后选择合适的货源。

素质目标： 培养积极开拓，锐意进取的精神；培养良好的沟通交际能力。

业务背景

本章主要学习在国际（地区间）贸易实际操作中确定自己经营的产品范围，并能够通过各种渠道来获取相应的商品信息，并寻找到准确的进出口产品货源。

工作任务（案例）

经过一番努力，李想、秦奋、吕力和冯博四位同学终于成立了自己的进出口公司。接下来他们面临的事情就是要把业务开展起来，使公司盈利。虽然这几位同学在校期间所学专业就是国际贸易，而且还具有一年的外贸企业工作经验，但是最终要完成从员工到创业者的角色转换并非易事，因为过去他们只需要完成公司交给他们的订单就行了，而现在他们则必须自己找出一条可行的发展方向。接下来他们必须要在千千万万种商品中找到合适的外贸产品，以及可靠的供应商。

任务 1. 请你帮助李想他们确定进出口产品的品类。

任务 2. 请你帮助他们寻找到合适的供应商。

知识准备

任务一　选择外贸产品

在选择外贸产品时，经常会出现一种情况，即我们认为这个产品市场潜力不错，一定很好卖，而且自己有别人拿不到的货源。但事实上，这在很多时候只是自己的臆想，只有市场才能检验产品是否好卖。而新起步的公司往往耗不起时间和金钱来等待市场验证，因此选择什么样的产品会直接关系到以后的事业发展，必须要通盘考虑，从实际情况出发，客观分析各种相关因素，谨慎做选择。

一、外贸新手寻找货源的原则

（一）选择熟悉的产品

对于外贸新人而言，如果自己熟悉一个产品或者行业则不要轻易另起炉灶去做陌生产品或进入陌生的行业，除非是自己的产品不适合作为公司的外贸产品。如果必须要做陌生产品，就选择一个自己觉得适合的产品，然后去有关工厂或公司学习产品知识，直到熟悉了之后再去做。

任何产品都有其独特之处，这验证了"隔行如隔山"这句话，贸然进入有可能会付出昂贵的时间和金钱代价。做熟悉产品的好处就在于无须花费时间去了解产品和市场，只需要全力开发客户即可，而做新产品就必须花费大量时间去学习。外贸领域中大凡成功者，他们都是在一个领域深挖了许多年，贸然进入新领域，失败的几率会非常高。

（二）根据手头资源，而不是凭想象来选择产品

许多外贸新人往往抱有一种找到高利润产品继而快速成功的投机取巧的想法。俗话说"理想很丰满，现实很骨感"。这种想法可以理解，但在残酷的市场竞争中，它无异于空中楼阁。外贸新人对市场了解甚少，资源以及客户有限，需要一步一步脚踏实地地发展，而不能好高骛远。很多成功商人在事业初期都是聚沙成塔，逐步积累经验，才给事业打下了稳固的基础。

如果某个产品经营者有自己稳定的供应商，而且前期投入不大，对产品又比较熟悉，则这类产品是可以用来经营的。

二、外贸企业自身情况分析

（一）有熟悉的产品，有稳定的供应商

这是最理想的情形。在这种情形下业务员了解产品，马上就可以开展外贸业务。通过对比不同的供应商，选定最合适的合作伙伴，并建立良好的合作关系。此外，仅有一家稳定供应商是不够的，最好能够结识其他供应商，避免把鸡蛋放在同一个篮子里。

（二）无熟悉的产品，有稳定的供应商

外贸新人经常会碰到这样一种情况，即自己的亲戚、朋友或同学在生产或经营某一种产品，好处是货源能够保证，但是对该产品是否适合出口并不了解。

这种情形下，要考虑以下几个问题：① 自己是否真的对这个产品感兴趣，还是仅仅由于有稳定供应商而经营它？ ② 产品的销售前景如何？ ③ 从长远角度来看，供应商是否能够持续稳定供货？

（三）有熟悉的产品，无稳定的供应商

在这种情形下，外贸人员应该做的就是找到合适的供应商，立刻开展外贸业务，同时对供应商进行对比，选出可以长期合作的对象。

（四）无熟悉的产品，无稳定的供应商

这是最困难的情况。有些人希望凭借自己的国际贸易专业知识来进入一个陌生领域，从零开始了解新产品，寻找供应商。这种情况风险太大，即便最后成功了，也需要付出较高的试错成本。

选择产品的
原则和送货情况

三、选择合适的市场

许多人喜欢凭自己的直觉选择产品，自己喜欢就觉得销售也一定会很好，但其实并非如此。在没有稳定供应商以及选择全新产品之前，首先要选择一个合适的市场，然后再选择产品，因为产品是在相关需求的基础上产生的。

（一）选择自己有兴趣的市场

兴趣是最好的老师，兴趣和工作结合是最理想的状态，因为你会乐于去了解它，有动力去寻找商机，更容易发现合适的商品，加上努力，就会更容易做好业务。

（二）选择成熟的市场

现在比较流行"颠覆性"这种说法，希望能够跳脱传统思维一举成功。而事实上，机遇越大，风险和困难也越大，如果处理不当就很容易折戟沉沙。而在一个成熟的市场中，外贸人员就只需要把自己的产品推荐给客户，而不需要说服客户去接受它。

（三）选择有潜力的市场

当今的人们对于健康、环保等方面的关注远远超过了过去，相应地也存在发展潜力巨大的新兴市场。因此从长远角度而言，如果能够在这类市场布局，对于今后企业长远发展是有利的。但是传统市场也有其优势，即现有的买家数量巨大，如果挖掘得当，同样能够获得很好的收益。

（四）选择有购买力的市场

对于外贸人员而言，其产品拥有有购买力的人群才能够产生收益。因此应避免片面地追求高大上的产品，东西虽好，但是消费群体有限。反过来，有些低端产品销量很大，但是利润如同纸一样薄，那样也不可行。因此，应该在利润以及销量之间做出一个均衡的选择。一般而言，发达国家消费群体对于高品质东西的购买力较强，而发展中国家消费群体则更倾向于购买实惠的产品。

奶粉进口所需材料

（五）选择与自身实力匹配的市场

外贸新人创业实力有限，因此应尽量避免做一些门槛较高的产品，

比如需要大量的认证、检测的产品。

可以从一个细分的市场开始做起，通过客户积累，慢慢做大。

总之，选择市场和选择产品都不可能一步到位。创业都是逐步积累、逐步修正、逐步完善的过程，只要大方向没有问题，那么通过努力争取机会，最后就会慢慢做起来。

四、选择合适的产品

选定市场以后，可以从以下几个方面来选择产品。

（一）根据产品的复杂程度和科技含量

原材料和劳动加工型产品的利润率较低，只有达到一定的销售量，才能保证相应的收入。

（二）根据产品是否需要打样或定做

某些产品（比如服装、饰品）必须进行打样，由此产生的费用需要同客户进行沟通。一个良好的合作工厂对于完成此类订单是至关重要的，因而如果没有这样的合作工厂则尽量不要涉及此类产品。

（三）根据产品的单位货值、退税率和平均利润率

有的产品货值偏低，时间、人力投入与产生的利润不成正比，因此要谨慎选择。

（四）根据产品的出口手续

有些产品如农产品的出口相当复杂，需要通过相关认证以及严格的检验检疫程序，涉及烦琐的手续，因此应当慎重选择。

（五）根据产品的区域关注度

业务员可以利用 Google Trends 之类的关键词分析工具来了解自己所经营的产品主要销往世界的哪些区域，消费者对这些产品的关注程度如何，然后判断是否适合做。

（六）根据产品进入市场门槛的高低

产品门槛较高意味着市场竞争相对有限，产品门槛低则竞争激烈。但是门槛高意味着入门困难，门槛低则容易进入。门槛高的产品供应商比较有限，不太容易找到合适的供应商，而门槛低的产品则供应商众多，选择机会也相对较多。

（七）根据市场竞争的激烈程度

对于初创型的、资金不足、客户缺乏、没有可靠货源的外贸公司，应该一开始避免同供应商、其他外贸公司打价格战，因此在选择经营产品时需要非常谨慎。

五、产品选择的误区

一般来说，产品选择中存在以下三个误区。

■ 选择产品
的三个误区

（一）品质越高越好

商人关注的是利润，消费者关注的是消费体验。外贸人员不能够单纯以消费者体验来选择产品。因为消费者心理并非是外贸从业者应当采用的思维方式，这种对品质的过度关注，从某种程度上来说就陷入了品质崇拜的误区。高品质的产品固然单品利润较高，但是价格也不低，消费群体数量有限。而中低品质的产品虽然利润低，但是人人都买得起，其广阔的市场可以带来巨大销量。因此必须要从目标市场购买力出发，在利润和销量间寻求平衡。而在外贸实践中，市场的构成通常是呈金字塔形的，中低品质的产品是主流。对于外贸新人而言，在资金有限情况下，选择中低品质的产品反而比较好上手。

（二）价格越低越有竞争力

有的商人为了增加利润，倾向于采购低价产品，但是俗话说"一分价钱一分货"，除去技术革新的因素，同一时期同一产品的生产成本相差不会太大，过分低价意味着偷工减料。这必然导致产品质量低劣，损害商家在消费者中的声誉，对其长远发展造成不利影响，最终会被市场淘汰。因此，商家固然应该避免采购价格虚高的产品，但也不要采购过分低价的产品，而最好采购中间价位的产品。

（三）关心产品是否属于朝阳产业

对于商家而言，产品是否有市场、能否有销量、消费者接受度如何是至关重要的，而不是仅仅关注其是否属于朝阳产业。虽然朝阳产业潜力看好，但是产品不够成熟，价格过高，市场较为有限且培育时日较长，经营风险也较大。此外，应该以动态的眼光来审视市场上的产品：科技进步使得有些传统产品通过技术革新而发生巨大变化，新产品也有可能很快被后来者所取代。因此，市场以及消费者需求的不断变动，使得朝阳产业与传统产业界限变得模糊。事实上，传统产业拥有成熟技术、市场平稳的优势，对于新人而言门槛更低，也更容易进入。

在对高品质、超低价格以及朝阳产业产品进行仔细分析以后，外贸新人对于产品的选择会变得更加理性。事实上，不同的市场对于产品的要求差异巨大，因此外贸人员应该仔细分析目的市场的具体情况，有针对性地调整品质和成本之间的关系，以此获得竞争优势。

在了解对高品质、超低价、朝阳产业产品存在的误区之后，外贸从业人员就能够以较为客观的态度来看待产品，相应地其对产品的选择面也变得更广。另外需要注意的是，不同的目标市场对于同一种产品的品质要求可能存在差异，因此外贸从业人员必须根据消费者的要求，通过调整品质来调整成本，从而取得价格上的竞争优势。

任务二　选择供应商

由于外贸产品在品质、功能等方面不断发生变化，因此从长远发展来看，仅仅依靠现有的产品去拓展市场是不够的。外贸公司必须能够根据市场的要求及时推出相应的产品，而这在背后需要一个好的供应商进行支持。在某种意义上，一个配合默契的供应商是外贸事业成功的坚强保障。在李想、秦奋、吕力和冯博这四位同学确定好主营的产品后，接下来的难题就是要有可靠的供应商能够按时、保质、保量地提供产品，那么如何才能找到一个好的供应商呢？我们一起来看一下。

一、选择供应商的准则

（一）选择供应商的基本原则

在对供应商进行评估时，应当遵循质量、成本、交付与服务并重的原则。其中，质量因素是最重要的。

首先，供应商必须要有一套有效的质量控制体系，然后要确认供应商拥有生产特定产品所需的设备和工艺能力。其次，要对所涉及的产品的成本进行分析，以便能够为价格谈判提供依据。在交付方面，需要了解对方的生产能力，以及在产能扩大方面能否符合要求。最后，要知晓对方售前、售后的服务记录。对于某些产品，例如食品则需要查看一下生产商是否有相关证书和检测报告，以确定对方是否有供应资质。

（二）选择供应商的影响因素

选择供应商时，主要考虑以下几方面的因素。

1. 价格因素

价格低，意味着产品竞争力强，利润空间大，但是价格最低的供应商不一定最合适，因为还需要考虑到产品质量、交货时间以及运输费用等诸多因素。

2. 质量因素

质量是产品的根本，质量差意味着产品在市场上是缺乏竞争力的，因此，产品质量是衡量供应商至关重要的指标。

3. 能否按时交货

如果供应商交货准时性较低，则必定会影响外贸公司的销售业绩，甚至有可能失去宝贵的客户。因此，交货准时性也是很重要的衡量指标。

4. 品种柔性因素

在消费者需求多样化的市场环境下，外贸公司也必须以丰富的产品线来满足其需求。所以，如果供应商具有柔性生产能力，则外贸公司能够提供的产品种类会更加丰富。

5. 设计能力因素

在产品需求不断变化的情况下，外贸企业需要供应商有相应的设计能力来及时推出有竞争力的产品，因此如果供应商设计能力较强，这无疑是一个加分项。

寻找境外供应商的途径

二、寻找境外供应商的途径

随着境内民众对生活水平要求的日益提高，其对高品质、高档次的商品需求也在不断增加。近年来，进口商品在境内消费市场份额日渐提升，而且发展潜力巨大。为了能够拓展外贸公司业务，增加营业收入，李想、秦奋、吕力和冯博决定去寻找有关产品的境外货源，并将产品引入境内销售。那么如何才能够找到境外的货源，以下是一些方法和途径。

（一）查找目标国（地区）的黄页网站（yellowpage）和工商目录（directory）

1. 欧洲黄页（http:www.europages.com）

目前欧洲黄页是欧洲极具指导性的专业搜索参考工具，集合了上百万家活跃于进出口业、隶属不同业界或领域的精选企业。欧洲黄页上的供应商都是欧洲最具实力的供应商，均须付费才能在欧洲黄页上出版，这比其他免费进行收录的企业目录更加有针对性。通过黄页去查找企业是一种行之有效的方法。

2. 康帕斯（http://kompass.com.cn）

它是全球领先的B2B国际（地区）贸易电子商务集团，也是全球各类型公司、联合国工业发展组织、世界贸易中心协会和世界各地的工商会日常搜索买家和卖家必不可少的工具。康帕斯为进行采购、营销和市场研究的专业人士提供全球企业产品信息。康帕斯所创立并拥有独立知识产权的工业和产品分类系统是被联合国确认的国际标准产业分类系统。

（二）通过大型的搜索引擎进行查找

境内搜索引擎百度占主导地位，但如果你需要寻找境外信息，则需要利用当地本土的搜索引擎。在实际应用中可以采取康帕斯和搜索引擎并用的方法来寻找相关信息：先用关键字在康帕斯上搜出某个国家（地区）相关的公司列表，由于只有付费才能够看到相关公司的网址和联系方法，在此情况下可以使用谷歌进行进一步的搜索，找到其电话和邮箱。但需要注意的是，针对某个特定国家（地区），必须要使用其当地的站点，比如要开发意大利市场，你要用http://www.google.it；开发法国市场，你要用http：//www.google.fr；如果使用http：//www.google.com，那就是浪费时间。

（三）查找这个行业的行业网站

每个国家（地区）都有各自的行业网站，你就用行业关键词进行搜索，肯定会获得大量信息。在这些专业网和行业协会网站上有很多相关链接，也很有用。注意最好是用英文搜索。如果做工业相关的产品可以使用下面的网站：http://www.directindustry.com（英语）、http://www.directindustry.fr（法语）、http://www.directindustry.de（德语）、http://www.directindustry.es（西班牙语）、http://www.directindustry.it（意大利语）、http://www.directindustry.com/pt/（葡萄牙语）、http://www.directindustry.com.ru（俄语）。

（四）查找 B2B 网站

在电子商务类网站中可以分为以阿里巴巴（http://china.alibaba.com）为代表的亚洲流派 B2B 网站和以托马斯（http://www.thomasnet.com）为代表的欧美流派 B2B 网站。与阿里巴巴相比，后者的信息以欧美为主，遍及全球，聚集了众多境外高端的供应商以及商务人士。在这些平台上询盘所获得的信息质量较好，数据可靠。这些欧美的 B2B 平台由于源自具有商业信息资源的传统出版和展会平台，注重品牌和信用，因此信息丰富而且具有很高的可信度。

（五）多进入一些境外的商业论坛和社交媒体

经常进入境外商业论坛查找也会寻找到一些有益的信息。

（六）各国大使馆经济参赞处以及相关国际商会

说到大使馆经济参赞处，大家一般只想到中国驻他国的大使馆。其实，别的国家的大使馆经济参赞处也有同样的使命，我们可以多查查其他国家大使馆的经济参赞处网址。比如你想了解对方国家有哪些重要的乳业厂家，可以直接同该国驻华使馆经济参赞处联系，获取相关信息。

（七）查找展会商的网站

很多境内的公司，特别是小企业，没有机会出境参展。其实很多展会都有自己的网站，网站上有各个参展商的名单和联系方式及网址。在 http：//link.fobshanghai.com 网站上有各类行业相关展会的链接。

三、寻找境内出口供应商的途径

目前在互联网上寻找供应商已是外贸人员一种非常重要的途径，因为在网上可以很方便地找到相应的厂家，但是网上寻找货源也存在一定的不足，如不够直观，无法准确掌握样品的质量，需要耗费大量的时间去收集和整理相关信息等。但无论如何，互联网仍是寻求出口供应商的最高效的途径。

（一）网上寻找境内出口供应商的途径

1.阿里巴巴网站

该网站可以说是全中国最大的供应商聚集网站，该网站上有很大一部分买家是在阿里巴巴采购产品，然后出口到境外，而无需去批发市场。因此，可以说阿里巴巴是外贸企业最大的货源地。阿里巴巴有

网上寻找境内出口
供应商的途径

很强大的搜索功能，寻找供应商时可以最大限度地进行选择。当然通过网站寻找供应商也有一定的局限性，那就是产品都是线上呈现，不能实际查看，所以大家选择商家的时候一定要谨慎，一定要选择比较可靠的公司进行交易。阿里巴巴推出"诚信通"服务，如果该企业是属于两年或者三年以上的"诚信通"会员，又或者诚信通指数

国际（地区间）
商务网站

近百或是上百，都是比较值得信赖的。不过，这也只能作为一个参考，具体还是要看双方的沟通。

2. 各大专业网站

各大专业网站主要有中国服装网、中国批发网、中国饰品网等。这些网站的专业性，决定了它们的资信都比较全面，也比较有针对性。在你进入这些网站前，应该明确自己到底想要寻找什么货源，这样才可以有所选择，查找专业网站。此外，箱包、纺织品等各大类商品基本都有专门的专业网站可查找。

这些专业网站都有相关供求信息。这些供求信息有时候比阿里巴巴网站相关类目下的供求信息更全面。如果你已经寻找到供应商，也不妨定期去访问一下此类专业网站，不断更新对产品和供应商的了解。

3. 搜索引擎

大的厂家或批发商比较容易寻找。通过大型的搜索引擎，如谷歌、必应、百度、雅虎等可用关键词搜索。不要固定用一个搜索引擎，同样的关键词，在不同的搜索引擎搜索就有不同的结果。网络搜索产品的关键词很重要，不同的工厂对产品的叫法不同，需要自己

各国驻华
大使馆联系方式

国际商会网站

把握，找对关键词才能快速地找到产品。如用关键词"求购＋产品名称"就可以看到很多求购此产品的网站。同时也要关注产品的材质。

（二）比较并确定货源

通过批发市场和网络找到批发商或厂家后，要根据各厂家和批发商所报相关商品的价格、质量和供货时间等因素综合考虑，确定货源。

在收到客户订货的图片时，要了解客户产品的销售地区。不同国家（地区）对产品的要求不同，欧美客户对产品的质量要求比较严格，在寻找工厂时可找一些有实力的工厂；南美国家比较看重产品的单价，在寻找工厂的时候找一些价格有竞争力的工厂，但是产品的质量也是要保证的，不能只做一锤子买卖。

同时，想要争取价格优势必须找对工厂，不是价格越低就越好，要考虑综合因素，如根据企业的规模、生产能力、质量控制、信息沟通，细节把控等去选择一个好的供应商。

如何在批发市场
寻找货源

当几个供应商在价格和品质方面相差无几时，如何选择？这就要看工厂执行订单的能力，在工厂产品的质量、设计和价格差不多的情况下，首要注重的是该厂家能否保质、保量、按时完成订单。

四、在批发市场寻找货源

由于这几位同学在创业前已经具有一定的外贸行业的工作经验，对于外贸出口具有较深的了解。因此，产品出口自然就成了该公司的主营业务。相比于寻找进口货源而言，国内货源的寻找得益于本土优势难度会降低许多，相应的做法也相当成熟。按寻找货源的不同途径来分，一般可以分为从网上寻找货源和去实体市场寻找货源两种方式。

（一）批发市场的优缺点

1. 批发市场的优点

去批发市场寻找货源是外贸业务员经常采用的方法，因为许多厂家和大型批发商在批发市场有他们的门店。通过批发市场寻找货源，有以下优势。

（1）货源多

在批发市场同一行业的从业者基本上都利用自己的门店来销售产品，因此业务员能够找到的品种和数量非常充足，挑选余地非常大，而且很容易就能够做到"货比三家"。

（2）价格低

由于批发市场内商家众多，为了能够拿到订单，基本上会以实实在在的价格进行报价，因此外贸业务员很容易找到直接的厂家货源，在确保产品质量的同时获得最合适的价格。

（3）款式新

由于批发市场内采购商众多，购买量巨大，为了能够抢占市场，厂家一般都会把最新的产品首先在批发市场中展示出来。因此只要外贸业务员常去批发市场，多多留意，总会有新的发现。

2. 批发市场的缺点

当然，批发市场也不是十全十美的，也存在商家鱼龙混杂、区域局限性明显等问题，因此外贸业务员还要懂得利用其他途径去寻找货源。

（二）批发市场寻找货源要点

批发市场作为寻找货源的重要途径，外贸业务员需要给予高度重视。但是批发市场内经营户良莠不齐，有时存在着以次充好、价格欺诈等情况，一个外贸新手很容易在这方面吃亏。如何才能够减少这方面的风险？外贸业务员可以在以下几方面做一些准备。

1. 合适的穿着

外贸批发市场不同于办公写字楼，因此固然不需要穿得很正式，但也不应该穿得过于休闲，因为批发市场毕竟是采购场所，穿得太休闲会让人觉得很不专业，不像外贸从业人员。

2. 必备的工具

外贸新手去批发市场时不应该两手空空，因为在询问一种产品时需要记录许多相关信息，因此最好手里拿个笔记本或者文件夹以备随时记录，这样才符合一个外贸业务员的身份，从而使老板认真接待你这位客户。

3. 专业沟通方式

在询问产品的相关情况时，应当避免使用"这个怎么卖啊"之类的非专业问法，而更应当了解产品拿货价多少、起订量多少、交货期多长等具体信息。

4. 货源的比较

由于批发市场内经营户众多，在确定好需要购买的产品后，接下来就要有针对性地选择几家综合实力靠前的厂家或批发商进行比较。对于感兴趣的货源，外贸业务员需要索要名片或者记录下来，并且就各个经营户给出的价格、质量、包装、最少拿货数量的信息进行交叉对比，最后确定进货的货源。

（三）需要掌握的商品相关信息

1. 采购成本

商品的采购价格直接关系到外贸公司的盈利空间，因此外贸业务员需要给予高度的重视，在确保产品质量的前提下货比三家，获得较为合适的报价。

2. 材质

有些产品虽然样式完全一样，但是因其采用的原材料材质不同，价格存在一定的差异。比如塑料制品，就有新料和回料之分。

3. 商品的尺寸、包装、重量等信息

由于在装柜时空间有限，外贸业务员必须了解这些信息，以免出现短装或者溢装的情况。

4. 商品的交货期

在某些情况下虽然商家的产品报价、质量、包装等方面都很好地满足了客户的需求，但是存在着产能不足，无法及时交货的情况。因此外贸业务员必须关注商品交货期，给自己留一定的余地，避免出现无法按时发运的困境。

项目实训

▶ 实训目标

1. 培养学生团队合作与协调能力。

2. 培养学生良好的沟通能力、抗挫能力和自信心。

3. 培养学生严谨求实、理论联系实际的科学学习态度。

4. 培养学生良好地与人沟通的能力，包括基本商务礼仪、语言表达能力等。

▶ 实训步骤

1. 通过 B2B 网站寻找外贸货源

以小组为单位，根据所在城市批发市场所销售的商品，自主选择一种外贸产品，从阿里巴巴等 B2B 网站寻找一条该产品的求购信息，再通过各大 B2B 网站寻找货源，最后建

立商品信息库，提交一份书面报告并进行 PPT 汇报，要求包括以下内容：① 分析自身竞争优势，选定一种外贸产品；② 从各种途径寻找一条该产品的求购信息，列出求购信息的具体内容；③ 从各种途径寻找与求购信息相关产品的 5 条供应信息，并请制作和填写商品信息库；④ 最终选择一家供应商，请说明原因。

2. 通过实体市场寻找外贸供应商

以 3~4 人为一小组，去国际商贸城，寻找相关产品供应商。首先从阿里巴巴等 B2B 网站寻找一条该产品的求购信息，然后去国际商贸城寻找这类产品的供应商。

要求：① 获得相关店铺的名片；② 了解相关产品的价格、起订量、交货时间、包装方式；③ 制作供应商信息库，挑选出最优的供应商并且说明原因。

3. 外贸产品的选择

以 3~4 名学生为小组，模拟组成外贸公司，去寻找进口以及出口商品。小组必须选出进口以及出口产品各一种，并且说明选择这种产品的理由，以及自己所具备的竞争优势。另外，利用黄页、工商目录、搜索引擎、相关行业网站去寻找进口供应商。

▶ 实训场所

校内实训室、国际商贸城。

思考与练习

一、判断题（以下说法中对的打"√"，错的打"×"）

1. 作为创业新手，在选择产品时要敢于挑战传统，尝试新行业新产品。（   ）

2. 在选择具体产品时需要注意产品的吸引力、市场竞争力、复杂程度和利润率如何。

（   ）

3. 选择产品时尽量选择品质高、价格低、具有市场发展潜力的产品。（   ）

4. 选择供应商时要考虑生产能力、交货时间、信誉等因素。（   ）

5. 在批发市场寻找货源的时候，主要是考虑品种全、好砍价等因素。（   ）

二、单选题

1. 网上寻找国内供应商的主要途径不包括（   ）。

A. 阿里巴巴网站　　　　　B. QQ　　　　　C. 各大专业网站　　　　　D. 大型搜索引擎

2. 外贸新手寻找外贸产品的原则有（   ）。

A. 选择高科技产品　　　　　　　　B. 选择高利润产品

C. 选择自己熟悉的产品　　　　　　D. 选择低价产品

3. 批发市场优点不包括（   ）。

A. 货源多　　　　　　　　B. 价格低　　　C. 路途近　　　　　　　　D. 款式新

4. 以下哪些是选择货源时常见的情况（　　　）。

A. 有熟悉的产品，有稳定的供应商

B. 无熟悉的产品，有稳定的供应商

C. 有熟悉的产品，无稳定的供应商

D. 以上都是

5. 寻找境外供应商的途径有（　　　）。

A. 目标国（地区）的黄页和工商目录

B. 大型搜索引擎

C. 行业网站和 B2B 网站

D. 以上都是

三、名词解释

1. 黄页。

2. B2B。

3. 搜索引擎。

4. 阿里巴巴。

5. 品种柔性。

四、简答题

1. 批发市场寻找货源时有哪些要注意的基本事项？

2. 你熟悉哪些境内外供应商网站？请举例。

3. 在选择外贸产品时，为什么要先选择行业再选择具体的产品？

4. 对于初入商场的创业新手，应该考虑什么样的产品才能规避风险获取第一桶金？

5. 选择供应商应该考虑的因素有哪些？

寻找客户

知识目标：了解展会、B2B 网站以及其他寻找客户方法的知识。

能力目标：掌握展会、B2B 网站以及其他寻找客户方法的技巧和能力。

素质目标：培养积极开拓，锐意进取的精神；培养良好的沟通交际能力。

业务背景

本章的学习在国际（地区间）贸易实际操作中，属于寻找客户环节，通过学习能够知晓寻找进出口贸易客户的各类方法。

工作任务（案例）

对于刚刚成立的外贸公司而言，客户是至关重要的，会直接关系到公司的成长。李想、秦奋、吕力和冯博这四位同学经过努力确定好主营产品并且找到了相应的供应商，接下来他们遇到的另一个难题是寻找客户，把产品销售出去。客户资源是公司赖以生存和发展的根本，以下我们从外贸出口和外贸进口两个角度来分析一下如何寻找客户。

任务 1．寻找出口贸易客户的途径和技巧。

任务 2．寻找进口贸易客户的途径和技巧。

知识准备

任务一　寻找出口贸易客户的途径和方法

对于一个外贸新人而言，最头痛的就是找到有价值的潜在客户。开发客户的方法一般有参展、B2B 网站寻找客户、搜索引擎寻找客户和海关数据寻找客户等方法。方法虽多，但要根据自身情况选择，在很多情况应该将多种方法结合起来使用。

一、企业参展寻找客户

寻找出口贸易客户的方法有许多种，但在实践中参加展会是最为常见的途径。通过展会企业可以推广

境内外展会介绍

一般会展流程图以及境外展会流程图

■ 寻找出口贸易
客户之参展

自己的产品，树立企业品牌，结识新的客户并了解最新市场。尽管展会在开发客户中起非常重要的作用，但是只有遵循一定的方法和步骤，企业参展方能获得预期的效果。

外贸企业参展一般可以分为展前、展中和展后三个阶段，下面我们就按照这三个阶段来了解一下相关流程。

（一）展前阶段

1. 展览会的选择

现在各类展会数量繁多，外贸企业必须首先要找到适合自己的展会，一般而言需要考虑以下几个因素：首先是产品的性质，如果所要展示的是消费品，那么适合参加规模较大的、综合性质的展览会，如一年两届的广州交易会。对于原材料而言，由于其专业性较强，且目标客户是特定的群体，并且从外观上不容易辨别，故而适合参加专业性强的展览会。其次是展会知名度和规模，大规模展会提供机会更多，因此选择展会时知名度是第一考虑因素。最后，要考虑展会面对的受众和参展商。外贸企业需要对展会进行详细了解，可以询问以往参加过展会的参展商了解实际参展效果。

2. 报展以及布展

外贸企业要了解展会的相关信息，特别注意展会的真实性。之后，需要挑选一个良好的位置以利于获得良好的参展效果。为了使本企业展位脱颖而出，最好请专业公司对展位进行设计。

3. 展前人员培训以及产品资料准备

首先要对参展人员进行分工，然后要规范着装并进行礼仪培训。之后需要准备产品的样品和企业宣传资料，并向相关客户发送邀请函。

（二）展中阶段

经过前期准备，接下来相关参展人员必须做好以下几个方面的工作。

1. 热情接待

来访客户在展览会期间，参展人员应当热情接待来访的客户，与他们进行充分交流和沟通。在沟通时，要注意以下几个方面内容：客户是直接用户还是分销商，购买的产品的规格、技术要求、年需求量，客户原来的购买渠道及特殊要求等。对于所探讨的内容，必须要有详细记录及汇总。如果客户表现出强烈的合作意向，也可以约请客户在其他时间进一步沟通，加深彼此的了解。表3-1是参展商常用的会客登记表。

表3-1　会客登记表

公司名称	客户姓名	单位部门（职位）	电话/传真	手机号码	备注

续表

公司名称	客户姓名	单位部门 （职位）	电话／传真	手机号码	备注

2. 注重与老客户的沟通

对于专业性很强的展会，一些老客户往往也会参加，参展人员必须维护好老客户，因为企业 80% 的利润可能来源于 20% 老客户的重复购买。参展人员必须了解客户对前期产品、服务的反馈以及改进意见，以及客户新的需求。

3. 收集信息

外贸从业者还可以向行业内的专家、学者了解一些行业信息以及客户信息，并在收集到信息后填写展会客户信息归纳表（见表 3-2），以便于预测行业发展、拓展自身业务。

（三）展后阶段

展会展出只是营销的开始，在展出后还有很多后续工作需要完成，以便将新的关系转化成实际的客户关系。

1. 确立贸易关系

外贸业务员要做好准备，抓住时机，抢在竞争对手之前争取新客户，尤其是对于接近谈成的项目更要趁热打铁，力求在离开展馆前签约。

2. 更新客户名单

通过展会期间的接触以及后续努力，一些潜在客户能成为实际客户，但与此同时，也有可能失去一些现有客户。因此，外贸公司要及时编制或更新客户名单，调整客户工作的投入和方向，改变宣传、广告、公关等工作的重点和方式。

表 3-2　展览会客户信息归纳表

填写人：　　　　　　　　　　　　　　　　　　　　　填写时间：

客户名称	联系人	单位部门 （职位）	电话／传真	类别 （A、B、C）	备注

注：A 类（已经交易成功或者下订单的客户），B 类（准客户），C 类（意图性客户）。

3. 发展客户关系

通过参展，外贸企业要巩固现有客户的关系，发展潜在客户的关系，后者尤其重要。展会时间短，客户多，因此，展会期间的客户工作应重数量，而展会之后的客户工作则应重质量，要加深与客户的相互了解，将认识关系发展成伙伴关系和合作关系。

4. 促进交易达成

在展会期间，向现有客户推销老产品和服务较为容易，可能会签约。但向老客户推销新产品和服务，向潜在客户推销任何产品和服务，都较费时，需要在展会之后继续努力，与有兴趣的客户洽谈，力争签约。

5. 总结

展览会结束后应该对参展的效果进行总结和评估，并对展览会期间搜集的各类信息分类汇总，并进行分析。

参展企业
常犯的六大错误

（四）参展的注意事项

参加展览会对于拓展外贸市场的作用非常明显，因此外贸企业对此均非常重视。但是有不少外贸企业尽管参加了不少展会，花费了很多时间和金钱，却没能够获得应有的成果。以下是参展企业应注意避免的情况。

1. 参展目标不明确

有的企业在参展前准备不充分，没有就展品选择、展位设计、展品展示与陈列等方面进行认真准备，对于参展所需要达到的效果也不甚明了，最后其参展效果也必然不明显。

促成订单的
8个技巧

参展方案

2. 参展计划不具可行性

参展计划是控制参展进程，协调参展各个环节的基本依据。参展计划不具可执行性主要表现在：参展计划过于简单或脱离实际，无法指导参展的整体过程；对参展过程中可能出现的紧急情况估计不足，缺少应急预案。

3. 参展人员素质偏低

参展人员代表了参展企业的形象，其工作表现很大程度上决定了参展效果。一些参展企业虽注重展位的选择、设计和布置，展品展示及后勤补给，却忽略了参展人员的培训和分工，致使参展人员在展会现场的表现很不专业。如在展台上饮食，不同参展人员对同一问题的回答不一，相互抢客户，在展会上玩手机、闲聊等。

4. 缺少全面的信息搜集

全面的信息搜集包括：关于所参展展会的基本信息搜集，参展经验与教训总结；行业总体信息搜集；竞争对手与潜在竞争对手信息搜集；客户与潜在客户信息搜集；客户需求与客户潜在需求的信息搜集等。

5. 不阅读参展商手册

参展商手册是展会举办方对展会详细资料和服务内容的介绍，如展会日程安排、登记程序、参展商资料、展览说明、运输服务、住房信息、广告促销信息等。它简单易懂，便于查询，是展会的方向指南，能够帮助参展商解决许多现实性的问题。但在现实中相当一部分参展商都不会仔细阅读参展商手册，从而导致自身在参展过程中遇到很多麻烦。

6. 忽略展会后期工作跟进

在展会上，由于参展时间紧张，客户通常都不会花太多时间与参展商详细洽谈。他们只是了解产品后留下参展商的联系方式，希望展会结束后根据自己感兴趣的产品与参展商联系，让展商报价。因此，展会后期工作对参展商来说至关重要，也是外贸业务员必须做好的"功课"。

二、B2B 网站寻找客户

B2B 指的是 Business to Business，即企业到企业电子商务模式。目前，B2B 网站主要有三种模式：大型企业的 B2B 网站，第三方经营的 B2B 网站，行业生态型的 B2B 网站。要使用 B2B 网站首先要成为会员，由于免费会员浏览的信息比较有限，所以如果需要了解核心信息则一般需要成为付费会员。需要注意的是网站里面发现的信息并不一定可靠，业务员还需要进行仔细分析。另外，成为付费会员也并不意味着客户会自己上门，外贸业务员还是需要花大力气去开发客户的。

如何选择 B2B 网站
寻找外贸出口客户

（一）境内外 B2B 网站的选择

网上有很多 B2B 网站，做得较好的主要有阿里巴巴（Alibaba）、中国制造网（Made-in-China）、环球资源网（Globalsources）、TradeKey、EC21 等综合性网站。此外，不同的产品有其相应的专业 B2B 网站，不同的国家（地区）也有地区性的 B2B 网站，因此外贸公司要根据自身的情况选择合适的 B2B 网站。选择 B2B 网站主要看以下几方面因素。

1. 看知名度

各种媒体、各大网址导航站上重复出现的都是一些知名度比较高的 B2B 网站，这就为选择 B2B 网站提供了一种思路。

2. 查询买家数量

外贸业务员可以用相应的关键词查询一下网站上买家询盘的数量和发布的时间，然后在不同的 B2B 网站上进行对比，就会对这个平台有基本的评估了。

3. 看论坛讨论

目前一些外贸论坛，如"贸易人""福步""合众出口"上聚集了大量的外贸从业人员，他们经常会对比讨论各类 B2B 网站，可以从这些网站了解到很多信息。

4. 用 Google 上搜索

如果公司是做女鞋的，试着用"Wholesale Women Shoes"作为关键词到 Google 上搜索一下，搜索引擎显示的第一个 B2B 网站，一般来说效果不错。

5. B2B 平台有饱和效应

用自己产品的关键字在 B2B 网站进行搜索，如果网站上供应商数量非常多，意味着后面的供应商很难被客户看到。在这种情况下，如果自己的信息无法排在前面，这样的网站价值就相当有限。

6. 2/8 法则

目前 B2B 网站非常多，但其中只有少数能够成为翘楚，与其花大精力广撒网，还不如有所选择在一些重要 B2B 网站上精心耕耘来得效果好。

（二）境内外重要 B2B 网站介绍

1. 阿里巴巴网（http://www.alibaba.com）

阿里巴巴（国际站）于 1999 年正式上线，主要针对全球进出口贸易，迅速发展为影响范围最广的电子商务网站，也是访问量最大的 B2B 网站。该网站推广力度较强，功能比较完善，效果也比较明显。不足之处主要表现在企业投入比较大（需购买排名及广告）；阿里平台上竞争强烈，卖家太多且良莠不齐；工厂与外贸公司之间区别性较强，客户都较会关注专门的工厂产品信息；买家群体复杂多样，以询价居多，合作意向较难开发；买家可以群发询盘，比较性太大，导致价格竞争激烈，因此利润都偏低。

2. 中国制造网（http://www.made-in-china.com）

中国制造网为全球采购商提供信息发布与搜索等服务。中国制造网电子商务平台为中国供应商和全球采购商提供会员服务，此网站广告投放的力度并不大，在境内外主要靠口碑相传，搜索引擎优化排名也不错，比较适合小企业选择。

该网站的优点是买家众多，特别是境外访问量较大；一对一发送询盘，无系统匹配询盘，买家回复率高；投入相对小些。缺点是定额的产品图片添加缺少特色，规模、影响力不如阿里巴巴网，专业性不及环球资源网。

3. 环球资源网（http://www.globalsources.com）

环球资源是一家老牌的国际（地区间）贸易电子商务服务公司，以外贸见长，主要为专业买家提供采购信息，并为供货商提供综合的市场推广服务。环球资源在外贸方面的表现非常抢眼。公司主要以全球展会杂志、光盘推广与网上推广相结合为主的方式宣传，帮助供应商拓展全球市场。优势行业主要体现在电子、礼品、五金、家居产品等领域。

该网站的优点是结合网站、杂志和展会推广；一对一询盘发送，成交率较高；有固定的买家，欧美客户居多，产品比较专业。缺点是价格高，主要针对大客户；网站功能弱，采购商信息采集和分类是其弱项。

4. TradeKey（http://www.tradekey.com）

TradeKey 是全球知名度和实用性比较强的 B2B 网站，TradeKey 一直致力于全球买家数据的采集和分析，与全球诸多实力雄厚的集团机构结成联盟，专门为中小企业而设，以出口为导向，已成为全球 B2B 网站的引领者和最受外贸企业欢迎的外贸 B2B 网站之一。

注册买家遍及全球 182 个国家（地区），买家群体主要分布在：欧洲、美洲、中东和东南亚。优势行业集中在皮具、服装、鞋等领域。

5. EC21（http://www.ec21.com）

该网站是韩国贸易协会投资的网站，以韩国、东南亚国家（地区）的访问用户居多。收费服务为 Tradepro，买家主要分布在韩国、美国和印度。EC21 有以下几大特色：用户众多，内容丰富，用户积极参与，体系广泛而强大等。EC21 拥有 4 种文字的网站：国际站（http：//www.ec21.com）为英文，面向全球提供专业服务；韩文站（http：//kr.ec21.com）主要为韩国当地市场提供专业服务；简体中文站（http：//cn.ec21.com）主要为中国大陆市场提供专业服务；繁体中文站（http：//big5.ec21.com）主要为中国台湾市场提供专业服务。

亚洲流派的 B2B 平台和欧美流派 B2B 平台的对比

（三）B2B 网站寻找客户注意事项

1. 如何正确判断有效需求

在外贸出口中有时候会出现客人要求查看样品，等按照其要求寄送样品之后，便再没有任何音信的情况。这主要是由于对客户的判断失误造成的，而外贸新手则不明白如何辨别一个询盘的真假。

B2B 网站寻找出口客户的注意事项

（1）询盘真实性的表现

首先，从客户的询盘内容来看，下面的询盘可能是真实的。

① 客户询问某一种产品报价时，具体到该产品的数量、规格、包装、产地、质量标准、交货时间、相关证书及到货港口等。

② 客户提出你的公司网站或产品目录里没有列出的相近产品，询问是否可以提供生产，同时客户提供所需要的相近产品的款式、规格、颜色等其他方面的信息。

③ 客户直接提供你公司完全可以生产的产品，并且附上图片、目标价格等详细产品说明资料。

（2）电子商务的有效性

电子商务的有效性表现在：它为买卖双方的沟通提供方便，但不能够提供双方的真实性。所以，任何一笔贸易需要在双方深层次的了解之后才能签订。电子商务并不能完全代替传统的贸易展会，后者的优点就在于双方可以面对面地沟通，能够从中找到真实感及安全感。现在很多外贸公司对电子商务所寄予的希望过重，他们认为业务人员用电脑、电话、传真和样品就完全能够接到订单，而实际上许多经营业绩是在相关的专业及知名展会上结识的客户转化而来的。

很多时候客户没有回音是因为公司的价格不合理，或是样品不太好，而并不是客户对这类产品不感兴趣。所以外贸从业人员一定要对产品非常了解，要知道产品品质在市场上处在什么位置、自己的产品有哪些竞争优势等，只有这样才能有的放矢，减少不必要的损失和抱怨。

2. 如何处理境外客户寄样品的要求

在外贸业务中，有些客人在没有获得样品前会屡次催促寄送样品，等收到样品后在很长一段时间对外贸业务员不予理睬。其原因大致情况如下。

（1）此客户不是最终用户，他需要将样品交给最终用户以供其试用或作展览，在此期间必须等待最终用户的回复。在这种情况下，只要业务员定期跟催客户，获得订单还是有一定希望的。

（2）客户对收到的样品不满意，比如质量、款式不符合其要求，因此他也会不再同业务员联系。

（3）某些种类的产品，比如纺织品、电器等需要通过相关测试或者要取得有关的认证，这个过程需要相应的时间。如果此类情况属实，那么等待一段时间后会有相应的回复。

（4）客户索要样品的目的是仅仅用于搜集资料，而不是进行采购，他会找借口来搪塞，因此业务员没有拿到订单的希望。

（5）客户可能对样品比较满意，但相关的交易条件不愿意接受。由于客户可以从很多外贸公司那里拿到类似的样品，也可以向其他外贸公司采购，在此情况下有可能就不会给予回复了。

总之，外贸业务员遇到寄出样品后迟迟没有回音的情况，需要保持耐心。对于这类情况，外贸业务员应当有良好的心态：能有订单最好，若没有，也很正常；无论如何都要努力去与客人进行沟通以求获得最好的效果，即便本次不成功也要经常与客户保持联系，因为有可能在今后的接触中获得客户的其他订单。

对于一些小的客户或者新客户，业务员可以说明乐意向他们免费推荐最新潮的产品款式，但是需要由客户分担快递费。最好在寄送样品前与客户沟通好，当对方的确有兴趣后才寄出，这样可以帮助客户节约快递费用。这种做法对于那些的确有开展业务意愿的客户会有一定效果。

三、利用搜索引擎寻找客户

互联网是外贸业务员寻找客户的重要途径，利用关键字在搜索引擎上进行查询，可以获得许多重要的信息。目前主要的搜索引擎有谷歌（google）、百度（baidu）、雅虎（yahoo）、搜狐（sohu）等，下面以谷歌为例来学习如何寻找相关客户信息。谷歌的网址是 http://www.google.com，但如果需要细化在某一个国家（地区）的搜索结果，则应当使用该国（地区）专门的搜索引擎，比如希望寻找德国的客户则要在 http://www.google.de 上输入相应关键字。除了常规的输入关键字进行查找外，还有其他一些技巧能够获得更加精确的结果。

利用搜索引擎寻找
客户的方法

1. 双引号（""）

在关键字里加上双引号代表完全搜索，也就是说双引号内的所有词，包括其排列顺序都必须要在搜索页面上完整匹配地显示出来。比如搜索 genuine leather women's shoes（真皮女鞋）显示结果为 1510000 个，而 "genuine leather women's shoes" 则仅有 517000 个。其原因是前者中 genuine leather women's shoes 这四个单词可以出现在网页的不同地方，顺序也可以不一样。而后者就必须严格匹配关键字及其顺序，因此结果就会精确许多。

2. 减号（—）

减号代表搜索时不包含减号后面的词的页面。注意，在使用这个指令时减号前面必须是空格，减号后面没有空格，紧接着是需要排除的词，比如在谷歌中输入 women's shoes，结果中会有很多源于亚马逊网站的信息，如果运用减号：women's shoes —amazon 则会剔除亚马逊网站的结果。一般在谷歌上输入关键字会有很多 B2B 信息，通过关键字 — ebay，关键字 — alibaba，关键字 — amazon 等方法，可以去掉很多不想要的信息。

3. filetype

filetype 用于搜索特定的文件格式，例如搜索 filetype：pdf genuine leather，显示的是包含 genuine leather 这个关键词的所有 PDF 文件。filetype 指令用来搜索特定资源，例如产品目录、功能介绍、电子书、word 文档等，很实用。外贸业务员可以通过这种方法找到竞争对手或者是客户产品的目录或说明书。

4. 加号（+）

加号的意思是搜索的结果需要显示其连同的两个或者是多个关键词。这个指令的使用非常广泛，举例如下。

（1）产品关键字 +dealer

例如在谷歌上输入 genuine leather women's shoes+dealer，就有机会找到 dealer（经销商），从而找到客户。

（2）产品关键字 +distributors

用这个方法能够在谷歌上找到 distributors（批发商）的资料。很多情况下会在显示结果中出现批发商在谷歌上做的广告，比如输入 genuine leather women's shoes+distributors 会发现真皮女鞋批发商的广告，这些批发商也是外贸业务员要寻找的目标客户。

（3）产品关键字＋国家公司名称后缀进行搜索

通常情况下，每个国家公司名称的后缀是不一样的，比如中国公司名称习惯是 Co. LTD，美国习惯为 INC、LLC，意大利习惯为 S.R.L.，西班牙习惯为 S.P.A.。把产品名称或产品属于哪个大范围的名称直接输入到谷歌中，会出现不同的结果。比如 genuine leather women's shoes+S.R.L 可以找到许多从事该行业的意大利公司的信息。

（4）产品关键字 +importer

在产品关键字后输入 +importer 可以寻找相关产品的进口商，比如 genuine leather women's shoes+importer 的搜索结果会出现真皮女鞋的进口商信息。

（5）产品关键字 +trade show/exhibition/trade fair

这种方法可以找到与产品相关的展会网站，并且能够进一步地在网站找到境外参展商名录以及联系方式。一些展会网站也会有其他相关展会的链接，如此可以找到更多的展会。此外直接在谷歌上输入中文也可以找到相关的展会信息，例如，找五金展可以输入"国家＋五金展"，这样能够找到许多关于五金展的网页，此时再用该五金展的英文名称去搜索就能够找到更具体的展会网站，由于这些展会年年举办，其内容也不断更新，因此里面的参展商信息基本上是有效的。

（6）产品关键字 +chamber，association 或 institute

通过这种方式可以搜出不少行业协会网站，上面可以找到许多协会企业的联系方式，可以利用这些信息寻找客户。

5. 产品关键字 +email

用这种方式可以找出一些客户的电子邮箱。

四、利用海关数据寻找客户

利用海关
数据寻找客户

海关数据是最真实的客户信息，里面可以找到客户进口数量、联系方式甚至部门经理的邮箱。在搜索引擎中输入"海关数据"，能够发现很多出售海关数据的网站，大多数需要支付费用，但也有一些网站能够免费提供前几年的数据。需要注意的是，海关数据中出现的进口商大多都已经拥有自己固定的供应商了，因此外贸业务员要想从中开发出客户，除了能够提供质优价廉的产品，还要能够提供更加优质的服务，以专业表现来赢得客户青睐，而不是一味靠低价争取客户，避免落入价格战的泥潭。

（一）海关数据的作用

1. 分析市场环境

海关的数据能够真实地反映目标市场的最新动向以及发展前景，能够使企业及时掌握市场机会。

2. 监控竞争对手

能够通过数据了解竞争对手详细的出口记录，掌握其出口市场和所有采购商的每笔交易的量和价，做到知己知彼。

3. 寻找采购商

掌握全球市场最真实的所有采购商，详细了解采购商的采购周期、频率，采购量、价，以及产品构成和供应商组成。

4. 维护老客户

及时掌握老客户的贸易动向以及客户最新需求，随时发现贸易危机，巩固客户忠诚度。

（二）利用海关数据寻找客户的 4 个方法

1. 真正买家分析

一个有意向的买家并不见得会采购，可重点关注那些真正采购过或者正在购买的买家，他们极可能是潜在客户。业务员可以对这些买家的采购量、采购周期、采购价格、产品规格进行分析，看是否能够发展成自己的客户。

2. 有效联系方式

很多大公司内部组织结构复杂，有些情况下业务员能够获得的仅仅是前台的电话，而海关数据则能够帮助业务员找到具体采购负责人。

3. 销售时机分析

一般而言，大多数买家会储备自己的备用供应商，因此，业务员此次联系买家虽然没有回复，可能是因为买家现有的供应商合作比较稳固，但是在某些时机下，买家可能会更换供应商，这样合作的可能性会大大提高。

4. 产品特性分析

产品的独特性，价格的竞争力，产品供应的能力、品质、服务、研发能力这些因素能够对买家产生影响，因此自己公司的概况和产品描述是非常重要的。可以利用海关数据对相关产品进行分析，生产打动买家的产品。

（三）利用海关数据寻找客户的流程

（1）首先确认采购商是否采购过与自己企业产品类似的商品，采购的型号、要求等和自己企业的产品是否一致。

（2）分析判断采购商实力的大小、采购习惯和采购周期。

（3）分析判断竞争对手的情况，做到知己知彼。

（4）确定之后搜索买家的网站了解具体情况，查找联系方式。

（5）通过谷歌查找采购商信息。

（6）有的采购商在网络上留的痕迹很少，可以认真查看后面的网页，有的被其他

B2B 网站收录，只要仔细搜索一定可以查到。

（7）如果搜索公司搜索不到，那么可以搜索公司的地址，也就是门牌号等。

五、其他寻找客户的方法

（一）利用邮箱寻找客户

通过以上的方法，外贸业务员可以找到一些买家的网站，然后就要在其网站上查找相应的邮箱以便将联系信件发过去。此外还可以在搜索网站中混合输入公司的名称、电话、传真等关键字，通过扩大关键词找出其联系邮箱。

比如找到一个德国买家的网站，网址是 http://www.etv.de，需要找到其采购人的电子邮箱。在此情况下可以在谷歌上输入 @etv.de，然后在网页上便可以找到 hotline@etv.de 这个邮箱。另外还可以直接用 email+@etv.de 的搜索方法，这样获取的信息会更加精确。第三种做法是输入公司名称或品牌名称，加电子邮箱后缀，即可以找到很多相关链接。有时候当业务员找到一个网站时，经常在网站里看到类似于 info@xxx.com 的电子邮箱，而这个电子邮箱未必是采购部门的电子邮箱。在这种情况下可以尝试 www.xxx.com+email，或者 www.xxx.com@ 的方法。

（二）利用境外专业的信息名录服务商寻找客户

以 Kompass（http://www.kompass.com）为例，它是全球领先的 B2B 国际贸易电子商务集团，目前在世界 60 多个国家和地区设有子公司，其创立的工业和产品分类系统包含境外 400 万个 B2B 买家信息。除此之外，Thomas Tlobal Register （http://www.tgrnet.com）网站也是非常重要的，它也是能够提供买家信息的服务商。

（三）利用专业渠道寻找客户

专业渠道主要有以下几种。

（1）专业的行业期刊、杂志、网站。

（2）专业的市场调研公司所提供的关于行业的分析报告与客户名录。

（3）行业协会主持的业内的技术研讨会、产业发展研讨会等。

任务二　寻找进口贸易客户的途径和方法

寻找进口贸易客户的途径和方法

寻找到进口产品相应的客户是确保进口贸易业务顺利开展的关键所在。由于许多进口产品在境内市场知名度不高，市场尚未打开，或者面临着已有产品的竞争，因此相关业务人员必须采取各种灵活性和创造性的办法来寻找客户。所谓寻找客户是指业务人员主动找出潜在客户即准客户的过程。

准客户是指对某类产品或服务确实存在需求并具有购买能力的个人或组织。而客户是指那些已经购买"你"产品的个人或组织。有可能成为准客户的个人或组织称为"线索"或"引子"。寻找客户是开拓市场的第一个步骤。由于产品是向特定的客户销售的，因此业务人员必须先确定自己的潜在客户，然后再开展实际推销工作。寻找客户实际上包含了这样两层含义：一是根据产品的特点，提出有可能成为潜在客户的基本条件。这个基本条件框定了客户群体范围、类型及推销的重点区域。二是根据潜在客户的基本条件，通过各种线索和渠道，来寻找符合这些基本条件的合格客户。

一、寻找客户的原则

寻找客户是最具挑战性、开拓性和艰巨性的工作。业务人员必须明白，寻找准客户是一项讲究科学性的工作，是有一定的规律可循的。业务人员需遵循一定的规律，把握科学的准则，借鉴前人总结的经验和创造的方法，使寻找准客户的方法更加科学化和高效化。

（一）确定推销对象的范围

在寻找客户前，首先要确定客户的范围，使寻找客户的范围相对集中，提高寻找效率，避免盲目性。准客户的范围包括以下两个方面。

（1）地理范围，即确定推销品的销售区域。

（2）交易对象的范围，即确定准客户群体的范围。

（二）树立"随处留心皆客户"强烈意识

作为业务人员，要想在激烈的市场竞争中不断发展壮大自己的客户队伍，提升销售业绩，就要在平时的"工作时间"特别是在"业余时间"，养成一种随时随地搜寻准客户的习惯，牢固树立随时随地寻找客户的强烈意识。

（三）选择合适的途径，多途径寻找客户

对于大多数商品而言，寻找客户的途径或渠道不止一条，究竟选择何种途径、采用哪些方法更为合适，还应将产品的特点、客户的范围及产品的销售区域结合起来综合考虑。

（四）重视老客户

必须树立的一个观念是：老客户是你最好的客户。业务员必须遵守的一个准则是：你80%的销售业绩来自于你20%的客户。这20%的客户是长期合作的关系户。如果丧失了这20%的关系户，将会丧失80%的市场。

二、寻找客户的流程

在现实寻找客户过程，业务人员寻找客户的工作包括获知潜在购买者是谁，也包括对潜在购买者会否购买进行分析和判断，从而对潜在购买者进行筛选。其过程如图3-1所示。

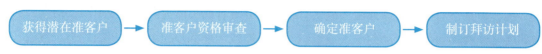

图 3-1 寻找客户的流程

业务人员首先要根据所销售产品的特征，提出可能成为准客户的条件。然后根据这些条件，搜集资料，寻找各种可能的线索，拟出一份准客户的名单，再按照这份名单进行准客户评估和资格审查，根据审查结果确定你准备开发的准客户。最后对这些准客户进行分析、分类、建立档案并据此编制拜访计划，进行拜访洽谈。寻找客户的程序首先从发现可能购买的准客户开始，获得的准客户名单越多，可筛选的余地就越大。业务人员一般要采取多种途径和方法寻找准客户，以便使寻找准客户的有效性达到最大。

三、寻找进口贸易客户的途径

（一）参加各类进口展会

虽然 B2B 网站在贸易中所起的作用越来越大，但传统的交易会仍是直接寻找客户的主流形式，效果也更为明显。除了为人们所熟知的各类出口展会之外，中国政府在实施多年的进口战略以后，大力发展进口贸易，并举办了多个贸易博览会和专门的进口博览会。我国主要的进口商品博览会有：中国—中东欧博览会、中国（昆山）品牌产品进口交易会、中国义乌进口商品博览会（http://www.importfair.cn）等。另外，习近平主席在"一带一路"国际合作高峰论坛时宣布，自 2018 年起，将举行中国国际进口博览会。至今已有 130 多个国家和地区的 3000 多家企业参加首届中国国际进口博览会。

通过这些展会，参展商得以有机会在短时间内接触大量客户，而相关境外产品的采购商则能够接触到源头货源，境内企业可以足不出户就买到全球货。另外，针对所销售的某一类产品，外贸公司可以参加此类产品的专业展会，比如从事保健品销售的企业就可以参加相关的营养保健品博览会。参加专业展会会让销售人员接触到大量的客户，也可以获得关键信息，得到行业几乎最有价值的潜在客户，这对于客户开发是非常有利的。

（二）客户推荐

通过长期合作建立起来的老客户是很好的潜在客户源，因为行业的圈子实际上很小，而且相关的业内人士往往私交较好，可能是以前的同事，也可能是经常接触而要好的朋友。这些业内人士具有很强的专业判断能力，了解哪些企业可能会对自己的产品有需求，他们所推荐的往往就是一个合格的潜在客户。不过让客户来为外贸业务员进行介绍的话，要注意以下几点。

（1）要使推荐人相信被推荐的外贸业务员会很好地处理这件事情，比如自己打算怎么做。

（2）要在同客户见面后向推荐人的帮助表示感谢。

（3）推荐人的推荐行为事实上提供了信誉的担保，如果业务员没有很好地维护，则一些不当的举措会失去现有这个客户。而恰当的处理方式可以使自身赢得行业内的口碑，能够被其他人认可。

（三）引路人

俗话说隔行如隔山，当一个业务员进入行业时最好能够有人进行指引。这个人应该对行业技术以及市场具有深刻的认识，拥有一定的行业影响力及广泛的人脉。这样能够使业务员少走弯路。引路人可以是一个客户也可以是行业里的供应商。

（四）自建网站

一个具有一定实力的外贸公司，如果没有企业网站是不可思议的，会让人感到疑惑。因此，外贸公司建立自身的网站很有必要，有以下几方面的好处。

（1）网站可以帮助外贸公司树立良好的企业形象，提高竞争力。很多情况下，潜在的客户会通过企业网站对公司做基本分析。企业网站的设计、内容会对潜在客户的判断产生影响，一个简洁、设计合理、内容丰富的网站可以为企业形象加分。

（2）可以提高工作效率，降低业务成本。公司网站最重要的是对企业产品进行展示。如果拥有网站，企业可以将产品、业务内容以及常见问题放在网站上，这样客户可以自行浏览，能大大减少公司的工作量。

（3）便于公司形象、产品信息推广。有了网站之后，公司可以在网络上做推广，进而获得更多的客户与业务。否则业务人员只能够被动地向客户发邮件，这样不但工作量大，还无法将完整信息传达给客户。

（4）企业网站是全天候的销售员。无论什么时候客户都可以访问网站，订购相关商品，这样可以提高公司销售业绩。

（五）相关论坛、网站、专业群

目前国内有许多进出口贸易的专业网站，以人气最旺的福步外贸论坛为例，那里聚集了中国几乎所有从事进出口贸易的专业人士，几乎涉及所有外贸门类产品。虽然其内容以出口贸易为主，但是随着进口贸易的快速增长，也出现了专门的进口贸易板块。在这个板块里面除了讨论各类有关进口贸易问题的帖子之外，还有不少各类产品进口货源的信息。考虑到该论坛在外贸行业的巨大影响力，其浏览量是相当可观的，而且最重要的是访问者都是外贸业内人士，因此如果将相关货源的信息在上面发布，并持续置顶，其传播效果不容忽视。

（六）进口贸易 B2B 网站

现在进口贸易规模巨大，但是很多从业者依旧依赖社交群、论坛等途径获取信息。其弊端在于沟通效率很低，而且存在着严重的信息不对称，并且在支付、物流等方面缺乏专业的支持。在此情况下，产生了以跨境集市为代表的进口 B2B 专业交易平台，它能够给产品的供需双方提供一个专业的交易场所，特别是拥有信用管理体系，还提供远程资质验证和远程验货服务，有效地解决了制约进口 B2B 网站的痛点。除此之外，为了顺应当前国内市场品质化消费升级趋势，满足当前 B 类采购商对品质型进口商品的进货需求，阿里巴巴也建立了 1688 进口货源平台，并且推出进口 IN 选，通过认证识别各类身份的优质进口商家和优质进口货源，为采购商提供更有品质保障的进口货源市场。在这类网站上云集着来自全中国的进口货物销售商，相当于是一个永不落幕、跨越地域限制的进口商品交易会。从中国电子商务的发展历史来看，这类网站以后必然是进口产品货源的最重要批发销售渠道，因此相关的业者必须给予高度的重视。

（七）搜索引擎营销

搜索引擎营销是指企业以搜索引擎平台为基础，企业的网络营销和推广都根据用户使用搜索引擎的方式和习惯来开展，在用户检索信息的时候将企业的营销信息尽可能多地传递给目标用户，以达到挖掘潜在客户和实现企业营销目标的目的。利用搜索引擎进行营销具有五大优势：① 受众广泛，用户资源庞大；② 定位精准，针对性强，效果好；③ 节省费用，门槛低；④ 管理灵活，适应性强；⑤ 营销费用可控，营销效果可追踪。

从事进口贸易的企业可以在百度、360、谷歌等搜索引擎进行相关营销。企业可以向搜索引擎购买自己销售的产品以及服务特色的关键词，比如"法国葡萄酒"，如果用户搜索时所输入的关键词与企业所购买的关键词相符，则公司的网页链接即能够在搜索结果页出现。另外还可以采用搜索引擎优化，让企业的网站更容易被搜索引擎收录，且在用户通过搜索引擎进行检索时，可在检索结果中获得好的位置，从而达到网站推广的目的。企业必须对自己网站内容、关键词、外部链接、内部链接、代码、图片进行优化。利用搜索引擎优化，企业不需要向搜索引擎付费就能够提高搜索排名。

（八）入驻批发市场进口商品馆或者各地自贸区的进口商品直销中心

义乌国际商贸城
进口馆

尽管随着互联网的发展，电子商务已经在很大程度上代替了实体市场，但是由于进口商品的特性，采购商无法凭网上描述完全了解产品，对于网店也存在着对其信用的担忧。因此，多数情况下采购商会去各类展了解商品。而展会时间有限，如果能在人气比较好的进口商品馆或者进口商品直销中心开店铺，则可以以永不落幕的展位形式向采购商展示进口商品。

（九）资料查阅寻找法

业务员要有强的信息处理能力，通过资料查阅寻找客户既能保证一定的可靠性，也能减小工作量、提高工作效率，同时也可以最大限度减少业务工作的盲目性和客户的抵触情绪，更重要的是，可以展开先期的客户研究，了解客户的特点、状况，提出适当的客户活动针对性策略等。

需要注意的是资料的时效性和可靠性，此外，注意对资料（行业的或者客户的）的更新往往能更有效地展开工作。业务员经常利用的资料有：相关政府部门提供的资料、相关行业和协会的资料、国家和地区的统计资料、企业黄页、工商企业目录和产品目录，电视、报纸、杂志、互联网等大众媒体，客户发布的消息、产品介绍、企业内刊等。

（十）咨询寻找法

一些组织，特别是行业组织、技术服务组织、咨询单位等，他们手中往往集中了大量的客户资料和资源，以及相关行业和市场信息，通过咨询的方式寻找客户不仅是一个有效的途径，有时还能够获得这些组织的服务、帮助和支持，比如在客户联系、客户介绍、市场进入方案建议等方面。

（十一）广告寻找法

这种方法的基本步骤是：向目标客户群发送广告；吸引客户上门展开业务活动或者接受反馈展开活动。例如，通过媒体发送某个减肥器具的广告，介绍其功能、购买方式、地点、代理和经销办法等，然后在目标区域展开活动。

广告寻找法的优点是：传播信息速度快、覆盖面广、重复性好；相对普遍寻找法更加省时省力。其缺点是需要支付广告费用，针对性和及时反馈性不强。

项目实训

▶ **实训内容**

1. 利用展览会寻找客户。
2. 利用 B2B 网站寻找客户。
3. 利用搜索引擎寻找客户。

▶ **实训目标**

1. 培养学生良好的沟通能力。
2. 培养学生抗挫能力和自信心。
3. 培养学生掌握收集资料、分析资料并完成一般综合设计项目的能力。
4. 培养学生利用网络搜集信息的能力。

▶ **实训步骤**

1. 利用展会寻找客户

以 3~4 人为一组，拜访一家即将参加或已参加过某展会的公司或企业，完成以下调查：① 该公司在会前做哪些准备工作；② 该公司打算如何在展会上寻找客户；③ 该公司在展会结束后需要做哪些工作？

2. 利用 B2B 网站寻找客户

以 3~4 人一组，自行选定一类产品，体验利用 B2B 网站寻找客户的流程，要求：① 列举 5 个以上有关选定商品的 B2B 网站，找到该网站上类似产品的供应信息，附上网址并截图，图片应当包括网站信息；② 利用 B2B 网站寻找所选定商品的求购信息，附上网址并截图，图片应当包括网站的信息，同时要求注明客户的详细信息、email、传真、电话和网址等。

3. 利用搜索引擎寻找客户

以 3~4 人为一组，自行选定一类产品，利用搜索引擎去寻找境外客户信息。要求：① 利用双引号（" "）寻找该产品进口商；② 利用 filetype 寻找产品目录或说明书；③ 利用加号（+）寻找该产品境外销售商，采用产品关键字 +dealer、产品关键字 +distributors、产品关键字 + 国家公司名称后缀、产品关键字 +importer 进行搜索；④ 利用 Kompass 寻找某国该产品进口商信息。

▶ **实训场所**

校内实训室。

思考与练习

一、判断题（以下说法中对的打"√"，错的打"×"）

1. 在所有寻找客户的方法中，参展是最直接、最有效的途径。（　　　）

2. 在参展中最重要的工作就是寻找新客户，只要抓住新客户后续就不用管了。（　　　）

3. 通过 B2B 网站寻找客户，只要找境外的网站就可以了。（　　　）

4. 寻找客户时要树立"随处留心皆客户"的强烈意识。（　　　）

5. 在寻找进口贸易客户时，只需要通过展会、网络途径即可，熟人介绍什么的都是不靠谱的。（　　　）

二、多选题

1. 对于外贸新人而言，开发客户的方法一般有哪些？（　　　）

A. 通过企业参展寻找客户　　　　　　B. 通过海关数据寻找客户

C. 通过 B2B 网站寻找客户　　　　　　D. 自己动手建网站寻找客户

2. 外贸企业寻找适合自己的展会要考虑哪些因素？（　　　）

A. 产品的性质　　　　　　　　　　　B. 展会知名度和规模

C. 展会的环境　　　　　　　　　　　D. 展会面对的受众和参展商

3. 海关数据的作用体现在哪些方面？（　　　）

A. 分析市场环境　　　　　　　　　　B. 监控竞争对手

C. 寻找采购商　　　　　　　　　　　D. 维护老客户

4. 寻找客户的原则主要有哪一些？（　　　）

A. 确定推销对象的范围　　　　　　　B. 树立"随处留心皆客户"强烈意识

C. 选择合适的途径，多途径寻找客户　　　D. 重视老客户

5. 外贸企业自建网站对于寻找客户有哪些好处？（　　　）

A. 可以帮助树立良好的企业形象　　　　B. 提高工作效率，降低业务成本

C. 便于公司形象、产品信息推广　　　　D. 是企业的全天候销售员

三、名词解释

1. 布展。

2. 饱和效应。

3. 2/8 法则。

4. 海关数据。

5. 咨询寻找法。

四、简答题

1. 参展企业经常犯的错误有哪些？

2. 利用 B2B 网站寻找客户需要注意哪些事情？

3. 外贸业务员按照客户要求寄送样品后长时间没有得到回复，可能的原因有哪些？

4. 列举四种通过搜索引擎搜索客户信息的方法？

5. 寻找客户的原则有哪些？

项目四

进出口报价

学习目标

知识目标： 掌握价格条款；掌握佣金、折扣、退税、保险费的计算；掌握进出口报价的构成以及核算要点。

能力目标： 在了解进出口报价的相关知识基础上，能计算折扣、保险费、佣金，并且有能力进行不同价格术语之间的转换，能够进行进出口报价的计算。

素质目标： 培养耐心、细心的人格品质；培养认真负责的工作态度。

业务背景

本章的学习在国际（地区间）贸易实际操作中，属于国际（地区间）货物买卖合同中价格条款的确定，外贸业务员根据货物进口与货物出口不同的特点，以及具体业务情况，能够进行相关的报价计算。

工作任务（案例）

义乌市奇迹进出口有限公司希望能够同美国哈克奇进出口有限公司就相关产品进出口细节进行磋商。在国际（地区间）货物买卖中，合同最核心的部分就是价格条款。由于双方将会涉及货物出口与货物进口两个区别很大的操作，在报价上就需要根据所涉及的业务环节分别进行价格计算。因此业务员刘丽必须要完成下列任务。

任务 1. 货物出口报价。

任务 2. 货物进口报价。

知识准备

任务一　货物出口报价

■ 佣金、折扣、运费的计算方法

一、出口报价基础知识

（一）出口业务使用的贸易术语

贸易术语（trade terms），它使用的是一个简短的概念和三个英文字母的缩写，用来说明商品的价格构成以及买卖双方的有关费用、风险和责任的划分问题，它是国际（地区间）货物买卖合同中单价条款的一个重要组成部分。

买卖合同中的价格条款由两部分组成，即单价和总值。

1. 单价

主要由计量单位、单位货币金额、计价货币、价格术语四部分组成。一般用"at"开头（有时可省略）。

例：　　<u>每吨</u>　　　　　<u>100</u>　　　　　<u>美元</u>　　　　<u>CIF 纽约</u>

　　　计量单位　　　单位货币金额　　　计价货币　　　价格术语

USD 100 per M/T CIF New York

INCOTERMS
2010 的 11 种贸易
术语

2. 总价

由阿拉伯数字和字母两部分构成。

例：总价：10000 美元

TOTAL VALUE：US＄10000

读做：US DOLLARS TEN THOUSAND ONLY　或　US Dollars Ten Thousand Only。

（二）计算佣金与折扣

国际（地区间）贸易价格中的佣金和折扣直接对实际价格产生影响，佣金和折扣的概念不同，但又有一定关系。

1. 佣金

（1）佣金的概念

佣金（commission）又称手续费（brokerage），是买方（或由买方委托第三者采购）或卖方（或由卖方委托第三者推销）付给"第三者"的报酬。在合同中，通常会对佣金加以说明，比如：

① 每打 300 美元 FOB 天津含佣金 5%，表示为：

USD 300 per dozen FOB Tianjin including 5% commission。

② 每打 300 美元 FOB C5 天津（"C"表示 commission），表示为：

USD 300 per dozen FOB C 5 % Tianjin 或者 USD 300 PER DOZEN FOB C5 Tianjin。

（2）佣金的计算方式

① 按成交价的百分率计算：佣金＝成交价 × 佣金率。

例：CIF 价每吨 1000 美元，佣金 5%，即每吨 50 美元。

② 按成交数量支付一定金额的佣金：佣金＝交货数量 × 数量单位付佣额。

例：某货 1000 打，每打佣金 10 美分，共计 100 美元。

③ 按 FOB 或 FCA 价的净价为基数计算，即运费和保险费不付佣：

佣金 = CIF 或 CIP 含佣价 ×（1 −运−保费率）× 佣金率；

佣金＝CFR 或 CPT 含佣价 ×（1 −运费率）× 佣金率。

例：某公司出口一批货，若采用 CIF 条件成交出口金额为 70 万元人民币，运费占发票金额的 20%，保险费占发票金额的 5%，佣金率为 3%，求 FOB 净价为基数的佣金。

佣金＝700000×（1 − 20% − 5%）×3% ＝ 700000×0.75×0.03 = 15750（元）。

2.折扣

（1）折扣的概念

折扣（discount）是卖方在一定条件下给予买方的价格减让，一般是以原价格为基础，扣除一定的百分比来算出实际应付价款，折扣只有明扣而无暗扣。折扣一般是在买方支付货款时预先予以扣除。也有的折扣金额不直接从货价中扣除，而按暗中达成协议另行支付给买方，这种做法通常在给"回扣"时采用。

在合同中，通常用文字说明的方法表示折扣，如：

每公吨 300 英镑 CIF 香港减 2% 折扣；

£300 per M/T CIF London less 2% discount；

£300 per M/T CIF Hongkong including 2% discount；

£300 per M/T CIFD 2% Hongkong；

£300 per M/T CIFR 2% Hongkong；

£300 PER M ／ T CIFD 2% Hongkong。

（2）折扣的计算方法

"每吨折扣 6 美元"（绝对数）。

折扣通常是以成交额或发票金额为基础计算出来的，其计算方法为：

折扣金额＝原价 × 折扣率；

折实售价＝原价−折扣额＝原价 ×（1 −折扣率）。

例 1：我某公司以每公吨 500 美元 CIF 伦敦，含折扣 5% 的价格对外出口一批货物，那么，我方每吨扣除折扣的净收入为多少？

解：我方单位商品净收入 =500×（1 − 5%）=475（美元）。

例 2：某商品出口价格为每吨 5000 美元 CIF 洛杉矶，折扣 4%，求其净价和折扣金额。

解：折实售价（净价）＝原价 ×（1 −折扣率）＝ 5000 ×（1 − 4%）＝ 4800（美元）；

折扣金额＝原价 × 折扣率＝ 5000×4% ＝ 200（美元）。

（三）计算保险费

1.保险金额（insured amount）

根据国际保险市场的惯常做法，出口货物的保险金额是按 CIF/CIP 货价另加 10% 的保险加成为基础进行计算的。这样做的目的是如果货物失事，保险加成部分的赔款可以弥补该批货物进口商经营管理费用

■ 保险费计算和价格
之间的转换计算

或预期利润的损失。

保险金额计算的公式是：保险金额 =CIF 价 ×（1+ 投保加成率）。

2. 保险费（premium）

保险费率是保险公司根据一定时期不同种类产品的货物赔付率，按不同险别和目的地确定的。

（1）保险费的计算方法一般根据保险费率表按保险金计算，其计算公式是：

保险费 = 保险金额 × 保险费率 =CIF 价 ×（1+ 投保加成率）× 保险费率。

例 1：某批出口货物，发票总金额为 CIF 30000 美元，信用证规定按发票金额 110% 投保一切险（费率为 0.5%），其保险费应为多少？

解：保险费 = CIF 价 ×（1+ 投保加成率）× 保险费率 =30000×110%×0.5%=165（美元）。

例 2：某外贸企业按 CIF 条件出口一批货物，CIF 总值为 10000 美元，按发票金额加成 10% 投保一切险、战争险，其保险金额与应付保险费为多少（一切险费率为 0.4%，战争险费率为 0.05%）？

解：保险金额 =CIF 总值 ×（1 ＋投保加成率）=10000×110%=11000（美元）；

保险费 = 保险金额 × 保险费率 =11000×（0.4%+0.05%）=49.5（美元）。

（1）含折扣 / 佣金价保险费的计算方法

对于含有折扣的价格，在计算保险费时，保险金额应该以减除折扣后的净价为计算基数，计算公式为：保险费 =CIF / CIP 价 ×（1 －折扣率）× 保险加成 × 保险费率。

如果价格中含有佣金，不管是明佣还是暗佣，在办理保险时，均应以含佣价作为投保基数，计算公式为：保险费 =CIF / CIP 含佣价 × 保险加成 × 保险费率。

例：成交价 CIF 50000 美元，含折扣 4%，保费率 1%，则投保金额的基数和保险费是多少？

解：投保金额的基数 = 50000×（1 － 4%）=48000（美元）；

保险费 = 48000×110%×1%=528（美元）。

（2）超成保险费的计算方法

一般来说保险金额通常按发票金额加成 10%，但有时客户提出，加成要超过 10%，这就增加了出口商的费用支出，如买卖合同未对其做规定，其超额的保险费应由客户负担，超成保险费的计算公式为：超成保险费 =CIF / CIP 价 × 超成率 × 保险费率。

例：发票金额 52000 美元，客户信用证要求按 120% 投保，保险费率为 0.6%，求超成保险费为多少？

解：超成保险费率 =52000×（120% － 110%）×0.6%=31.2（美元）。

（四）价格之间转换计算（忽略利润）

1. 净价之间的转换（忽略利润）

FOB 价 = 实际购货成本 + 境内费用

　　＝CFR价－出口运费

　　＝CIF价－出口运费－出口保险费

CFR价＝实际购货成本＋境内费用＋出口运费

　　＝FOB价＋出口运费

　　＝CIF价－出口保险费

CIF价＝实际购货成本＋境内费用＋出口运费＋出口保险费

　　＝FOB价＋出口运费＋出口保险费

　　＝CFR价＋出口保险费

　　＝（FOB价＋出口运费）／［1－（1+投保加成率）×保险费率］

　　＝CFR价／［1－（1+投保加成率）×保险费率］

　　例：某外贸公司报出某商品出口价为每吨5000美元FOB天津，境外客户要求改报CIF纽约。该公司应报价多少？已知到旧金山的运费为每吨150美元，投保加成10%，保险费率为1%。

　　解：CIF价＝（FOB价＋出口运费）／［1－（1+投保加成率）×保险费率］

　　　　　　＝（5000+150）／［1－（1+10%）×1%］

　　　　　　＝5207.28（美元）。

2. 含佣价之间的转换（忽略利润）

FOBC价＝FOB净价／（1－佣金率）

CFRC价＝CFR净价／（1－佣金率）＝（FOB价＋运费）／（1－佣金率）

CIFC价＝（FOB价＋运费）／［1－佣金率－（1+投保加成率）×保险费率］

　　　　＝CFR价／［1－佣金率－（1+投保加成率）×保险费率］

　　例1：出口成交价CFR为1440美元，加成10%投保，保险费率为1.5%。

　　求：CIFC5价。

　　解：CIFC5＝CFR价／［1－佣金率－（1+投保加成率）×保险费率］

　　　　　　＝1440/［1－5%－（1+10%）×1.5%］

　　　　　　＝1542.58（美元）。

　　例2：我某公司出口商品原报价为每套240美元CFR伦敦。现外商要求改报CFRC5伦敦，在FOB净收入不减少的条件下，我方最低应报价多少美元？若按110%投保，保险费率为1%，则我方最低CIFC5应报多少美元？

　　解：CFRC5＝CFR净价／（1－佣金率）＝240／（1－5%）＝252.63（美元）；

　　　　CIFC5＝CFR价／［1－佣金率－（1+投保加成率）×保险费率］

　　　　　　　＝240／（1－5%－110%×1%）

　　　　　　　＝255.59（美元）。

二、出口报价计算

（一）出口价格的构成

出口价格主要由成本、费用和预期利润三部分构成。

1. 成本

出口报价核算之
成本与利润核算

它是出口企业或外贸单位为出口其产品进行生产、加工或采购所产生的生产成本、加工成本或采购成本，我们通常称之为含税成本。

2. 费用

出口价格中的费用主要有境内费用和境外费用两部分。境内费用主要包括包装费、仓储费、境内运输费、认证费、港区港杂费、商检报关费、捐税、购货利息、经营管理费、商品损耗费、银行费用等；境外费用主要包括出口运费、出口保险费、佣金等。

出口报价核算
之综合核算

3. 预期利润

预期利润是指企业进行交易所要获取的预期利益。

（二）出口报价核算要点

1. 成本核算

一般来说，我们掌握的成本是采购成本或含税成本，包含增值税。很多国家（地区）为了降低出口商品的成本，增强其产品在国际（地区间）市场上的竞争能力，往往对出口商品采取增值税全部或部分退还的做法。在实施出口退税制度的情况下，在核算出口商品价格时，就应该将含税的采购成本中的税收部分根据出口退税比率予以扣除，从而得出实际采购成本。因为：

实际采购成本＝含税成本－退税收入；

退税收入＝含税成本 × 出口退税率／（1+ 增值税率）；

由此得出实际采购成本的计算公式为：

实际采购成本＝含税成本 × ［（1－出口退税率＋增值税率）／（1+ 增值税率）］。

例：某产品每单位的购货成本是 28 元，其中包括 17% 的增值税，若该产品出口有 13% 的退税，求实际采购成本。

解：实际采购成本＝含税成本 × ［（1－出口退税率＋增值税率）／（1+ 增值税率）］

　　　　　　　＝28 × ［（1－13%+17%）／（1+17%）］

　　　　　　　≈24.89（元）。

2. 境内费用核算

境内费用主要包括包装费、仓储费、境内运输费、认证费、港区港杂费、商检报关费、捐税、购货利息、经营管理费、商品损耗费、银行

出口报价核算之费用核算

费用等各种在货物运出时发生的费用。

境内企业一般将内陆运输工作以及报检、报关工作委托货代公司办理。货代公司向企业收取的费用一般包括：订舱费、码头操作费、船公司文件费、拉箱费、报检费、报关费等。具体收费标准根据船舶公司不同、货运代理不同、提进港口不同而发生变化。

3.海运费核算

在此仅对海洋运输中的班轮运费的计算进行阐述。班轮运输运费的计算又分为件杂货物与集装箱货物运费计算。一般来说，它们可以用如下公式计算：

班轮运费（杂件货）＝基本运费＋附加运费

＝（基本运费费率＋附加运费费率）× 运费吨；

集装箱运费＝包箱费率 × 集装箱的数量。

关于集装箱的数量计算，关键在于确定是整箱货还是拼箱货。若为拼箱货，应先算出所装箱的确切数量，再按件杂货的计算方法查表计算；若为整箱货，直接按表4-1中给出的单箱运费计算即可；若部分装整箱，部分以拼箱方式运输时，需混合使用这两种计算方式。

关于集装箱数量通常是按照货物的总重量或体积除以集装箱的有效载货重量或有效容积取整得出。具体公式如下：

集装箱可装载货物数量＝集装箱的有效载货重量 / 单件货物的重量

或＝有效容积 / 体积

表4-1 集装箱配载体积和容积

集装箱类型	内容积	配货体积	配货毛重
20英尺标柜	5.69米 ×2.13米 ×2.18米	24.0~26.0 立方米	17.5吨
40英尺标柜	11.8米 ×2.13米 ×2.18米	54.0立方米	24.5吨
40尺高柜	11.8米 ×2.13米 ×2.72米	68.0立方米	24.5吨
20尺开顶柜	5.89米 ×2.32米 ×2.31米	31.5立方米	20.2吨
40尺开顶柜	12.01米 ×2.33米 ×2.15米	65.0立方米	30.4吨
20尺平底货柜	5.85米 ×2.23米 ×2.15米	28.0立方米	23.0吨
40尺平底货柜	12.05米 ×2.12米 ×1.96米	50.0立方米	36.0吨

通常20英尺集装箱的有效载重量为17.5吨，有效容积为25.0立方米；40英尺集装箱的有效载重量为24.5吨，有效容积为54.0立方米。各类规格的集装箱配载和容积如表4-1所示。

例：某货物装纸箱，纸箱的尺码为 0.45 米 × 0.45 米 × 0.30 米，毛重为每箱 53 千克，那么分别根据 20 英尺、40 英尺标准集装箱的有效载重量和有效容积计算的装箱的最大数量是多少？

解：a 按重量计算，每个 20 英尺标准集装箱可装最大数量为：

17.5 ／ 0.053 ≈ 330.12（箱），取整为 330 箱。

b 按体积计算，每个 20 英尺标准集装箱可装最大数量为：

25 ／（0.45 × 0.45 × 0.3）≈ 411.52（箱），取整为 411 箱。

c 按重量计算，每个 40 英尺标准集装箱可装最大数量为：

24.5 ／ 0.053=462.26（箱），取整为 462 箱。

d 按体积计算，每个 40 英尺集装箱可装最大数量为：

54 ／（0.45 × 0.45 × 0.3）≈ 888.89（箱），取整为 888 箱。

4. 保险费核算

在出口交易中，在以 CIF 或 CIP 术语成交的情况下，出口报价中应包含保险费。保险费通常是按照货物的保险金额乘以保险费率计算。用公式表示为：

保险费 = 保险金额 × 保险费率；

保险金额 = CIF（CIP）货价 ×（1- 保险加成率）。

5. 佣金核算

在出口报价中，有时对方要求包含佣金。

佣金 = 含佣价 × 佣金率；

含佣价 = 净价 ／（1- 佣金率）。

6. 预期利润核算

利润是出口价格的三个组成部分之一。出口价格包含利润的多少可以用某一固定的数额表示，也可以用利润率来表示。当涉及利润率时，基数的选择尤为重要。通常情况下，利润率的基数大致有两种：一是某种成本，二是销售价格。

例：出口某商品，生产成本为每单位 80 元，出口的各项费用为 10 元，如果公司的利润率为 10%，公司对外报 FOB 价，试分别按照生产成本、出口成本和出口价格为基数计算利润额。

解：① 按生产成本为基数计算的利润额为：

80 × 10%=8（元）。

② 按出口成本为基数计算的利润额为：

（80+10）× 10%=9（元）。

③ 按 FOB 出口价格为基数计算的利润额为：

（80+10）／（1 − 10%）−（80+10）=10（元）。

（7）FOB、CFR、CIF 及其含佣金的报价核算

① $FOB 报价 = \dfrac{实际采购成本 + 各项境内费用}{1 - 预期利润率}$。

② $CFR 报价 = \dfrac{实际采购成本 + 各项境内费用 + 境外运费}{1 - 预期利润率}$。

③ $CIF 报价 = \dfrac{实际采购成本 + 各项境内费用 + 境外运费}{1 - 预期利润率 - (1 + 投保加成率) \times 保险费率}$。

④ $FOBC 价 = \dfrac{实际采购成本 + 各项境内费用}{1 - 预期利润率 - 佣金率}$。

⑤ $CFRC 价 = \dfrac{实际采购成本 + 各项境内费用 + 境外运费}{1 - 预期利润率 - 佣金率}$。

⑥ $CIFC 价 = \dfrac{实际采购成本 + 各项境内费用 + 境外运费}{1 - 预期利润率 - (1 + 投保加成率) \times 保险费率 - 佣金率}$。

例：某进出口公司欲出口一文件夹至日本大阪（OSAKA），3个货号各装一个20英尺标准柜（20'FCL）。货柜相关信息见表4-2。

表 4-2　货柜相关信息

货号	包装方式	尺码长	尺码宽	尺码高	购货成本
312RG	20个/箱	0.80 米	0.30 米	0.20 米	10 元人民币
301SA	20个/箱	0.50 米	0.40 米	0.30 米	20 元人民币
304GS	20个/箱	0.60 米	0.40 米	0.50 米	30 元人民币

增值税率：17％。

退税率：9％。

境内费用：境内运杂费共1300元，包装费每箱3元，出口商检费200元；报关费300元；港区港杂费800元；其他业务费用共1000元。

海洋运费：上海至大阪20'FCL海洋运费为1800美元。

保险费：加一成投保，一切险加战争险，保险费率分别为0.7％和0.3％。

预期利润：7%。

外汇汇率：6.76元人民币/美元。

请报 CIFC5 价。

解：

① 20'FCL 货量

312RG：25／（0.8×0.3×0.2）=520 箱 =10400（个）；

301SA：25／（0.5×0.4×0.3）=416 箱 = 8320（个）；

304GS：25／（0.6×0.4×0.5）=208 箱 = 4160（个）。

② 实际采购成本（单价）

312RG：10×［（1－9%+17%）／（1+17%）］=9.23（元）；

301SA：20×［（1－9%+17%）／（1+17%）］=18.46（元）；

304GS 30×［（1－9%+17%）／（1+17%）］=27.69（元）。

③ 境内费用（单价）

312RG：［1300+520×3+200+300+800+1000］／10400=0.5（元）；

301SA：［1300+416×3+200+300+800+1000］／8320=0.58（元）；

304GS：［1300+208×3+200+300+800+1000］／4160=1.02（元）。

④ 上海至大阪的 20'FCL 海洋运费（单价）为：

312RG：1800／（520×20）=0.17（美元）；

301SA：1800／（416×20）=0.22（美元）；

304GS：1800／（208×20）=0.43（美元）。

⑤ 保险费

保险费 = 报价 ×（1+10%）×（0.7%+0.3%）。

⑥ 佣金

佣金 = 报价 ×5%。

gCIFC5 报价（单价）

312RG：

$$\text{CIFC5 价} = \frac{\text{实际采购成本 + 各项境内费用 + 境外运费}}{1－\text{预期利润率}－（1+\text{投保加成率}）×\text{保险费率}－\text{佣金率}}$$

$$= \frac{（9.23+0.5）/6.76+0.17}{1－7\%－（1+10\%）×1\%－5\%} = \frac{1.61}{0.87} = 1.85（\text{美元}）。$$

301SA：

$$\text{CIFC5 价} = \frac{\text{实际采购成本 + 各项境内费用 + 境外运费}}{1－\text{预期利润率}－（1+\text{投保加成率}）×\text{保险费率}－\text{佣金率}}$$

$$= \frac{(18.46+0.58)/6.76+0.22}{1-7\%-(1+10\%)\times 1\%-5\%} = \frac{3.04}{0.87} = 3.50（美元）。$$

304GS：

$$CIFC5 价 = \frac{实际采购成本 + 各项境内费用 + 境外运费}{1-预期利润率-(1+投保加成率)\times 保险费率-佣金率}$$

$$= \frac{(27.69+1.02)/6.76+0.43}{1-7\%-(1+10\%)\times 1\%-5\%} = \frac{4.68}{0.87} = 5.38（美元）。$$

任务二　进口报价计算

■ 进口报价计算

外贸企业进口商品的目的是通过销售获利，需要对外商的报价进行核算，以确保销售价格高于进口成本。因此外贸从业者就必须了解进口所涉及的相关费用、佣金及折扣知识。此外，由于进口业务中多采用 FOB 贸易术语成交，因此还应当了解如何进行不同贸易术语价格之间的折算。

一、进口成本核算

为了确保进口业务能够盈利，企业就必须对所要进口的商品进行成本核算，即对进口产生的各项成本以及该进口业务所能够带来的收益进行比较。在此，进口总成本是指为了进口一批货物所花费的全部费用，也就是进口商品采购成本加上境内流通费。进口商品收益是指进口商品的总成本再加上预期利润。

（一）进口商品采购成本（进价）

一般情况下，我国进口业务中常常采用 FOB 价格条件成交。而商品采购成本则通常用 CIF 价格为基础进行核算。因此，外贸业务人员需要熟知不同价格术语之间的换算。如果以 FOB 成交，则应该在 FOB 价格基础上加上运费和保险费。若以 CFR 成交，则应在 CFR 价格基础上加上保险费。

（二）进口商品境内流通费

■ 进口税费的计算

从进口商品运抵港口至货物销售出去之前所产生的费用。

1. 进口税金

进口商品报关时应缴纳的税金，包括进口关税和进口环节税，进口环节税主要有增值税和对少量产品征收的消费税。

消费税征收范围：① 过度消费会对人体健康、社会秩序、生态环境等方面造成危害的特殊消费品，如烟、酒、酒精、鞭炮、烟花等；②奢侈、非生活必需品，如贵重首饰及珠宝玉石、化妆品等；③高能耗消费品，如小轿车、摩托车、汽车轮胎等；④不可再生和不可替代的资源性消费品，如汽油、柴油等。2007年调整后我国一共对17类产品征收消费税。

目前我国增值税率有两类：17%和11%。适用于11%低出口增值税率的产品有：①粮食、食用植物油；②自来水、暖气、冷气、热水、煤气、石油液化气、天然气、沼气、居民用煤炭制品；③图书、报纸、杂志；④饲料、化肥、农药、农机、农膜；⑤国务院规定的其他货物。其他进口货物适用于17%的增值税率。

2. 直接性商品流通费

这是指代理进口商品到岸以后到销售以前发生的、能够直接认定的各种费用。比如，代理进口商品的手续费和佣金；到岸、到港、到门费用（包括卸货费、驳船费、码头建设费、码头仓租费、进口商品检验费和其他公证费、报关提货费等）；境内运输费和仓租费；商品损耗等。

3. 财务费用

这包括银行手续费以及从对外付款到收回货款之间所发生的利息支出等。进口企业以银行借款或自有流动资金代理进口，自对外付款之日起至委托进口单位付款止的利息通常按银行规定的流动资金贷款利率计算。

■ 进口需要涉及的
费用

4. 进口商品总成本的综合计算

计算进口商品的总成本时，可参考以下公式：

进口商品总成本 $=Rate \times CIF \times (1+A+D+V+D \times V)+P+F1$。

其中，Rate表示外汇汇率；CIF表示货物到岸价；A表示外贸公司的进口代理费费率；D表示海关进口关税税率；V表示海关代征增值税税率；P表示到岸港口的港杂费；F1表示港口或机场到仓库（货主地）的内陆运费。

例：甲公司向乙公司购买一批机器设备，进口合同总价为60万美元，价格条款为CIF宁波。丙外贸公司的进口代理费为2%，海关关税税率为20%，增值税税率为17%，港口港杂费为1000元，内陆运费需要2000元，当日外汇汇率为6.76。求该批机器进口的总成本。

解：机器进口总成本 $=Rate \times CIF \times (1+A+D+V+D \times V)+P+F1$

$=6.76 \times 600000 \times (1+0.02+0.2+0.17+0.2 \times 0.17)+1000+2000$

$=4056000 \times 1.424+1000+2000$

$=5778744$（元）。

在进行进口总成本计算时，如果合同是按FOB或者CFR报价的，则首先需要将FOB换算成CIF，其计算公式为 $CIF=C+I+F=FOB+I+F$，其中FOB是货物的离岸价，C是进口货物成本即离岸价，I 为保险费，F 为海运和空运费。比如，一批货物 FOB 价格为 20 万美元，到宁波港海运费为 3000 美元，保险费为 500 美元，则该批商品 CIF 价格为：CIF=200000+3000+500=203500（美元），然后才能用上述方法进行后续的计算。

二、进口商品盈亏额和盈亏率

进口商品盈亏额与盈亏率的计算还需了解外贸企业进口销售收入的含义。所谓外贸企业进口销售收入是指进口商品凭船舶到港通知（境外账单或出库单），开出结算凭证向用户收取的收入。

（一）进口商品盈亏额

进口商品盈亏额是指进口商品的境内销售价格和进口商品总成本之间的差额。如果进口总成本大于进口商品境内销售价格，则该笔进口商品出现亏损，反之，则实现进口盈利。进口商品盈亏额计算方式为：

进口商品盈亏额 = 进口商品境内销售收入（人民币）－进口商品总成本（人民币）。

■进口成本预算表

（二）进口商品盈亏率

进口商品盈亏率是进口商品盈亏额与进口商品总成本的比例，用百分比表示。其计算方式为：

进口商品盈亏率 =（进口商品境内销售价－进口总成本）/ 进口总成本 ×100%。

（三）进口美元赚赔额

进口美元赚赔额是指每使用 1 美元经营进口商品后，所赚得或亏损的人民币的金额，其计算公式为：

进口美元赚赔额 = 进口商品盈亏额（人民币）/ 进口支付美元金额（通常以 CIF 价格为基础）。

为防止在进行进口商品的成本核算时出现漏算、错算，可借助成本预算表来进行进口商品的成本核算。

三、报价贸易术语的价格换算

有时在产品进口业务中会发生境外出口商坚持用 CFR 或 CIF 价格术语成交的状况，在此情形下进口企业在不影响原来利益的前提下，可以通过公式换算，实现 FOB、CFR 以及 CIF 这三种贸易术语的换算，具体如下。

CIF 价 =（FOB 价 + 境外运费）/（1 －投保加成 × 保险费率）；

投保加成 =1+ 投保加成率。

将 FCA 价格术语换算成 CPT 或 CIP，也可通过如下公式实现：

CIP 价 =（FCA 价 + 境外运费）/（1 − 投保加成 × 保险费率）。

例 1：我外贸公司需从美国进口商品，对外商报价为 100 美元 / 件 FOB 旧金山，现外商希望把价格改成 CIF 上海，经查保险费率为 0.8%，每件运费是 FOB 价的 10%。请问：在不减少我方利益的情况下，CIF 的报价应为多少？

解：CIF 价 =（FOB 价 + 境外运费）/（1 − 投保加成 × 保险费率）

　　　　= （100+100 × 10%）/（1 − 110%×0.8%）

　　　　=110.98（美元 / 件）。

答：在不减少我方利益的情况下，CIF 的报价应为 110.98 美元 / 件。

例 2：我某公司进口某商品 600 箱，对外报价为每箱 120 美元 FCA 大阪，外商要求将价格改报为每箱 CIPC5 上海。已知境外运费为每箱 20 美元，保险费为每桶 0.48 美元，境内销售价为 1600 元 / 箱，境内商品流通费为每箱 20 元，关税为每箱 100 元，汇率为 7.76 人民币 / 美元。

请问：（1）该商品的单位进口总成本是多少？（2）进口商品盈亏率是多少？（3）要维持进口销售收入不变，CIPC5 应改报为多少？

解：（1）每箱进口人民币总成本 =FCA+ 境外运费 + 保险费 + 境内商品流通费 + 海关税费

　　　　　　　　　　　= （120+20+0.48）× 6.76+20+100

　　　　　　　　　　　=1069.64（元）。

（2）进口商品盈亏率 =（每桶境内销售人民币收入 − 每桶进口人民币总成本）/ 每桶进口人民币总成本

　　　　　　　　　= （1600 − 1069.64）/1069.64×100%

　　　　　　　　　=49.58%。

（3）含佣价 = 净价 /（1 − 佣金率）

则 CIPC 5% = CIP/（1 − 5%）

　　　　　　= （120+20+0.48）/（1 − 5%）

　　　　　　=147.87（美元）。

答：(1) 该商品的单位进口总成本是 1069.64 元。(2) 进口商品盈亏率是 49.58%。(3) 要维持进口销售收入不变，CIPC5 应改报为 147.87 美元。

项目实训

▶ 实训内容

利用给定商品的数据进行进出口报价综合计算。

▶ 实训目标

1. 培养学生掌握收集资料、分析资料并完成一般综合设计项目的能力。

2. 培养学生协作精神以及细心严谨工作的态度。

▶ **实训步骤**

1. 请仔细阅读下面所给的资料。

商 品：厨具。

货 号：DG2378、DA3471、DH3278、DJ3378。

包装方式：2 套／纸箱。

纸箱尺码：80×55×50 厘米。

毛／净重：38 ／ 36 千克。

供货价格：68、72、50、46 元人民币／套。

起订数量：每个货号一个 20 英尺标准集装箱。

增值税率：17%。

退税率：9%。

境内费用：出口一个 20 英尺集装箱所需费用为：运杂费 1200 元，商检报关费 180 元，港区港杂费 600 元，认证费 90 元，业务费 1000 元，其他费用 750 元。

海洋运费：USD2 150/20 英尺标准集装箱。

保险费率：一切险 0.8%，战争险 0.1%。

预期利润：5%。

外汇汇率：6.5 元人民币／美元。

2. 运用本章中所学的报价方法，根据以上资料分别报出每个 FOBC5、CFRC5、CIFC5 的价格。

▶ **实训场所**

校内实训室。

思考与练习

一、判断题（以下说法中对的打"√"，错的打"×"）

1. 贸易术语是用英文字母缩写的形式来表明买卖双方之间关于风险、费用和责任划分的。（　　）

2. 合同中的单价条款应该包括计量单位、单位货币金额、计价货币和价格术语四个部分。（　　）

3. 保险条款中的保险加成率只能是 10%。（　　）

4. 出口价格主要由成本、费用和预期利润三部分组成。（　　）

5. 常见的 20 英尺标准集装箱的配货体积是 24 立方米。（　　）

二、翻译题

请将以下几个单价条款翻译成英文。

1. 每吨 5000 美元 FOB 上海。

2. 每纸箱 6000 欧元 CIFC3 伦敦。

3. 每件 50 欧元 CFR 新加坡。

4. 每木箱 400 人民币 FOB 宁波，折扣率为 10%。

5. 每吨折扣 9 美元。

三、名词解释

1. 佣金。

2. 折扣。

3. 保险金额。

4. 预期利润。

5. 进口税金。

四、计算题

1. 某商品的净价为每套 1250 美元，CIF 纽约，佣金为 5%，求含佣价。

2. 义乌某公司出口了 10000 棵圣诞树具至美国，购货成本为每套 60 元，增值税率为 17%，退税率为 9%，求公司可以得到多少退税。

3. 某公司出口一个20英尺标准集装箱的玩具，每10只装一纸箱，尺码为60厘米×40厘米×50厘米。购货成本为每只40元，境内运输费共800元；出口商检费按购货成本的0.3%计；包装费350元，报关费250元；港区港杂费1000元；其他业务费用2300元。求每只玩具分摊到多少境内费用。

4. 我方向俄罗斯某公司出口塑料餐具一批，10打/箱，共1000箱，该产品境内采购价为每60元人民币/打，包装费用每箱10元，境内运杂费800元，仓储费500元，商检费150元，报关费50元，港口费用400元，业务费用1200元，其他费用2100元。经核实，该批货物出口需运费800美元，如由我方保险，其保险按CIF成交价加一成投保一切险，费率为0.5%，另外，这种产品出口有9%的退税，现假设该公司欲获得7%的预期利润，且境外客户要求价格中含5%佣金，试报该产品的FOBC5及CIFC5美元价格（美元对人民币的汇率为1:6.95）。

5. 根据下列内容，计算进口商品总成本。义乌某袜业公司想从境外进口一批袜机，数量20台，价格为每台35000美元FOB纽约，进口运费为每台人民币2000元，投保一切险，保险费率为1%，投保加成率为10%，汇率牌价6.70元人民币/美元，进口关税为每台人民币34000元，境内流通费为每台人民币3850元。请运用相关知识计算进口商品总成本。

第二篇

合同实务

项目五

认识国际（地区间）货物买卖合同

学习目标

知识目标： 在理解合同概念的基础上，掌握国际（地区间）货物买卖合同的特征和合同有效的条件；了解合同在国际（地区间）贸易中的重要作用；了解影响国际（地区间）贸易合同签订因素，在合同起草及签订的过程中充分考虑这些因素。

能力目标： 具备辨识合同是否为有效合同的能力；具备辨识一份国际（地区间）贸易合同是否为国际（地区间）货物买卖合同的能力；具备能充分考虑合同签订影响因素的能力；具备良好的礼仪和与人沟通的能力；具备搜集资料并进行简单分析总结的能力；具备理论联系实际和严谨求实的学习能力。

素质目标： 培养良好的沟通交际能力和全局思维；培养理论联系实际和严谨求实的学习能力。

业务背景

本章的学习在国际（地区间）贸易实际操作中，属于国际（地区间）货物买卖合同签订阶段，重点要了解影响国际（地区间）货物买卖合同签订及履行的重要因素，掌握国际（地区间）货物买卖合同的特征及重要作用。

工作任务（案例）

义乌市奇迹进出口有限公司经过前期公司业务员刘丽跟美国哈克奇进出口有限公司业务员弗兰克（Frank）的贸易磋商，基本确定了两家公司的合作意向。现在双方进入到合同的签订阶段。作为一家新企业，对于签订公司即将成交的第一笔国际（地区间）货物买卖合同需要非常谨慎。所以，业务员刘丽需要完成以下几个任务。

任务1. 确认合同的有效性和作用。

任务2. 国际（地区间）货物买卖合同的基本特征和影响因素。

任务一　国际（地区间）货物买卖合同概述

一、合同概述

可能很少人注意到，在我们的生活中几乎无时无刻不在与合同打交道，合同构成我们社会生活中很重要的组成部分。比如正在办理结婚登记手续的夫妻，他们正在签订的就是婚姻关系的协议；刚刚生下一个小宝宝的妈妈，她正在确立她与孩子之间母子关系协议，等等。所以，广义的合同泛指确立双方或多方之间权利义务关系的协议。

（一）合同的定义

我们国家的法律给出的合同的定义是这样的："合同是平等主体的自然人、法人、其他组织之间设立、变更、终止民事权利义务关系的协议。"这一概念包含以下内涵：合同签订的主体包括自然人、法人、其他组织；合同是以设立、变更或终止民事权利义务关系为目的的；合同签订的前提是主体的地位平等。

小问题

1. 什么是合同的主体呢？
2. 自然人、法人和其他组织分别是什么概念？
3. 民事权利义务关系指的是什么？

■ 合同在国际贸易
　中的重要作用

（二）合同的有效性

合同既然被法律所定义，我们认为，合同是具有法律效力的。但是并不是任何合同都是具有法律效力的，合同必须符合法律规范才能得到法律的承认和保护，才能对合同当事人构成约束力。

各国（地区）的法律对于合同的成立，都要求具备一定的条件，即所谓合同有效成立的条件，但各国（地区）的要求不完全相同。综合起来看，主要有以下几项。

■ 合同的有效性

1. 合同当事人的意思表示要一致

所谓意思表示一致，是指合同当事人在与合同有关的所有问题上都取得一致的意见。比如,合同签订的时间地点、合同的形式、合同的内容等。在一致的标准上，主要以是否对合同的相关内容作出实质性的修改为前提。如果没有做出实质性的修改，则认为意见一致；如果做出实质性修改，

■ 要约与承诺

则认为没有取得一致的意见，也就是当事人的意思表示不一致。

TIPS

要约和承诺

要约和承诺是合同成立必须经历的两个步骤。

合同当事人之间的意思表示一致是通过要约（offer）和承诺（acceptance）而达成的。也就是说，一方向另一方提出要约，另一方对该项要约表示承诺，双方的意思表示达成一致，合同即告成立，对双方均产生法律约束力。如果有要约，没有承诺，合同就不成立。即使双方相互要约（cross offer），意思表示正好一致，合同仍不成立。要约和承诺在国际（地区间）贸易实务中分别被称作发盘和接受。在有关国际贸易法律中，对发盘和接受这两个行为的定义非常严格。判定国际（地区间）贸易合同是否成立，不仅要看有无发盘和接受，还要看发盘和接受这两个行为是否成立。

2. 对价和约因的规定

在任何交易当中，当事人之间都存在交换的行为。当事人是为了从对方手中换取自己需要的东西，才与对方进行交易的。所以，合同的有效成立，当事人之间必须存在"我给你是为了你给我"这种相互的关系，我们把这种关系称为对价（英美法系）或约因（大陆法系）。例如，在货物买卖合同中，买方付款是为了获得卖方的货物，而卖方交货是为了获得买方的货款。

在合同中，要有对价或约因，法律才承认合同的有效性；否则，合同得不到法律的保障。

3. 合同当事人必须有订立合同的能力

合同都是由当事人签订的，所以合同的当事人必须具备主体资格。无论是自然人、法人还是其他组织，都必须具备签订合同的能力。

■ 答案

小问题

那么哪些当事人是不具备签订合同的能力的呢？

4. 合同标的和内容必须合法

合同标的是合同法律关系的客体，是合同当事人权利和义务共同指向的对象，既包括标的物，也包括标的额。例如，买卖合同的标的就包括买卖的货物和货币。在买卖合同中，标的物必须合法。对于法律明令禁止的物品，如毒品、走私物品、严重败坏社会道德风尚的物品等是不允许买卖的。

除此之外，合同的其他内容也必须合法，不得违反法律，不得违反公共政策和公共秩序。例如，危险品的包装等。一般来说，危险品，如油品或是烟花爆竹之类的包装容器，必须来自经相关部门审批取得相应生产资质的厂家。如果该包装容器不是来自有资质的厂家，则不合法。

胁迫、欺诈和表述错误

对于不合法的合同，法律是不予承认和保护的，且在法律认为必要时，还要追究当事人的刑事责任，没收买卖的货物。

5. 当事人必须在自愿和真实的基础上签订合同

合同是双方当事人意思表示一致的结果。根据各国（地区）的法律规定，如果由于各种原因或事实，构成当事人表示的意思不是自愿和真实的，合同则不成立。这些原因和事实大致有：胁迫、欺诈和表述错误。

6. 合同形式的法律规定

合同的形式也必须符合法律的规定。对于合同的形式，不同法系要求不同。

在大陆法中，把合同形式分为要式合同（formal contract）和不要式合同（informal contract）。所谓要式合同是指依照法律的规定，应按其规定的形式和程序成立的合同。例如，必须由双方当事人签字，并由公证人或公证机关证明的合同。不要式合同，可以用口头，或者书面，或者包括人证在内的其他证明形式的合同，而无须一定要采用书面形式。在英美法中，虽没有要式和不要式的划分，但也有相同的概念，如在英美法的分类中，有签字蜡封的合同。该合同应属于一种按要求的形式和程序订立的合同，它与大陆法中的要式合同相似。美国的《统一商法典》规定，凡是价金超过500美元的货物买卖合同，须以书面形式作成，但仍保留了例外，如卖方已在实质上开始生产专为买方制造的、不宜于售给其他买方的商品，则该合同虽然没有采取书面的形式，但仍有约束力。

买卖双方在以函电成交时，如果任何一方当事人要以签订书面合同作为合同成立的依据，都必须在发出要约时或在承诺通知中提出这一保留条件。这时，合同的成立不是在双方函电达成协议时成立，而是在签订书面合同时成立。如果任何一方当事人都没有提出签订书面合同作为合同成立的依据，则按合同法的一般原则，合同应于双方的函电达成协议时成立，即当载有承诺内容的信件、电报或电传生效时，合同即告成立。

合同的种类

二、国际（地区间）货物买卖合同

有不少资料将国际（地区间）贸易合同与国际（地区间）货物买卖合同等同起来，将国际（地区间）贸易合同定义为：国际（地区间）贸易合同在国（地区）内又被称外贸合同或进出口贸易合同，即营业地处于不同国家或地区的当事人就商品买卖所发生的权利和义务关系而达成的书面协议。然而，事实上，国际（地区间）贸易合同并不是某一个具体

国际（地区间）贸易合同与国际（地区间）货物买卖合同的异同

国际（地区间）贸易合同的种类

的合同，它是国际（地区间）贸易过程中所有合同的总称。

国际（地区间）贸易以合同为运转手段，在国际（地区间）贸易的不同领域内，会涉及不同种类的合同，比如国际（地区间）货物买卖、国际（地区间）技术开发与转让、国际（地区间）工程承包、国际（地区间）融资贷款、国际（地区间）租赁、期货交易等多种国际（地区间）贸易活动中所使用的合同，都属于国际（地区间）贸易合同的范畴。尽管这些合同都是国际（地区间）贸易合同，但是不能简单地用国际（地区间）贸易合同来代替这些具体的合同。例如，不能把国际（地区间）技术开发与转让合同称为国际（地区间）贸易合同。在所有的国际（地区间）贸易活动中，国际（地区间）货物买卖是国际经济交往的主要内容，是国际（地区间）贸易的核心，因此国际（地区间）贸易合同中以国际（地区间）货物买卖合同最为重要。

（一）国际（地区间）货物买卖合同的概念

国际（地区间）货物买卖合同亦称为国际（地区间）货物销售合同，一般是指处于不同国家或地区的当事人之间为了一定的经济目的而达成的，规定双方当事人的权利与义务，具有法律约束力的货物买卖协议。

（二）国际（地区间）货物买卖合同的特征

国际（地区间）货物买卖合同作为连接具有跨国（地区）因素的当事人之间经济交往的基本形式，在具有合同共同特征的基础上，又在内容和表现形式上反映出与一国（地区）国（地区）内的买卖合同的明显差异。

国际（地区间）货物买卖合同的特征

1. 合同主体的国际性

合同主体的国际性是国际（地区间）货物买卖合同最主要的特征。

合同主体的国际性是指营业地处于不同国家或同一国家的不同法域区的自然人或者法人。国家（地区）和国际（地区间）组织在一定条件下也可以成为国际（地区间）买卖合同的主体。衡量某个货物买卖合同是否具有国际性的标准，是买卖双方的营业地点是否处在不同的国家（地区），而不是双方当事人的国籍。

营业地标准是目前国际（地区间）通用的认定国际性的唯一标准。所谓营业地，可以理解为经营活动发生的地方。除了概率极低的自然人（非从商者）之间发生的跨国（地区）货物交易，我们所叙述的国际（地区间）货物买卖都应该是海关可以纳入统计范围的国际（地区间）贸易交易。因此，我们可以用营业地标准来定义，即货物交易双方的经营活动发生地处于不同国家或同一国家的不同法域区。

公司注册地和营业地的关系

这里需要注意的是，我们要区别公司注册地和营业地两个不同的概念。在公司法中，公司的注册地就是公司登记机关中所记载的公司所在的地址，如在中国，公司注册地，就以营业执照上所登记的地址为准。一般来说，公司的注册地也就是公司经营业务发生的地点，即营业地。但是，公司出于经营的需要也可以在注册地以外的地方建立营业场所，所以一家公司会有很多个营业地。许多跨国（地区）公司都有境外机构，如在中国设立的沃尔玛超市，就是美国沃尔玛公司在中国设立的营业地。但是，我们把经营活动发生的主要地，称之为主要营业地。

2. 合同内容具有涉外因素

国际（地区间）货物买卖合同由于当事人的营业地处于不同国家（地区），合同关系的产生、变更或消灭的法律行为可能在不同国家（地区）内完成。同时由于合同标的物的跨国（地区）转移，带来了境内货物买卖合同未涉及的各种进出口海关的手续、许可证和国际（地区间）支付结算以及工业产权的国际（地区间）保护等问题。通常人们把这些因素与国际性联系起来，以便于将与国际（地区间）货物买卖合同和只与一个国家（地区）有关的合同区别开来。

3. 法律适用范围广泛

国际（地区间）货物买卖合同是一种具有国际性的法律关系，它至少涉及买方和卖方国家的法律，有时还涉及第三国（地区）的法律。1985年10月，在海牙国际私法外交会议上通过了《国际货物买卖合同适用法律公约》，其主要规定如下。

（1）买卖合同应受当事人所选择的法律的管辖，当事人选择法律的协议必须是明示的，或者必须根据全部情况，能够从合同的规定和当事人的行为推断出来。当事人所选择的法律可以仅适用于合同的某一部分。

（2）在当事人未选择买卖合同所应适用的法律的情况下，合同应受卖方在订立合同时设有营业所的国家（地区）的法律的管辖。

（3）在某些特定情况下，买卖合同应受订立合同时买方设有营业所的国家（地区）的法律管辖。

合同应受买方所在国（地区）法律管辖的情况

合同是由当事人亲临该国（地区）进行谈判，并在该国（地区）签订的；合同明示规定，卖方必须在该国（地区）履行其交货义务；合同主要是依买方确定的条件，并且是同由买方邀请其来投标的人签订的；凡属以拍卖方式或在商品交易所内进行的买卖，当事人所选择的法律只有在不被拍卖地或交易所所在地法律所禁止的范围内，方可适用于其合同，如果当事人对应适用的法律没有做出选择，或当事人所选择的法律为上述国家（地区）所禁止，则应适用拍卖地或交易所在地的法律；关于当事人选择应适用的法律的存在及其实质有效性的问题，应由当事人所选择的法律来确定，如果根据该法律，当事人所做的选择是无效的，则应按上述第2项规定，确定管辖该合同的法律；关于买卖合同或其任何条款的存在及其实质有效性的问题，应在假定该合同有效的情况下，按照本公约应予适用的法律来确定。

任务二　合同在国际（地区间）贸易中的重要作用

在任务一里我们学习了什么是合同，了解到有效的合同是具有法律效力的，是受到法律的保护的。那么，我们签订合同的目的是什么呢？其实也是为了寻求法律的保护。合同的主体希望以法律承认的文书形式，确定好交易中的方方面面，以便使得各自的权益能够得到保障。

当两个相隔万里、彼此陌生的当事人需要进行跨国（地区）交易的时候，合同就显得更加重要了。一份跨境合同的签订，其过程和内容的复杂程度要比境内合同高出许多。由于地域、社会价值、习惯以及法律等方面的差异，当事人之间容易产生误解或争议。因此，用书面形式明确当事人之间权利义务关系的合同在国际（地区间）贸易中有着非常重要的作用。

合同在国际（地区间）贸易中的重要作用主要体现在以下几个方面。

一、保持当事人之间势力的均衡

合同是有着不同利益需求的当事人之间达成一致的意思表示。在不少交易中，都存在当事人中的一方比另一方占有更多优势的情况。主要表现如下。

第一，一个拥有全球连锁超市的大公司在进行全球采购时，可能会向供应商提供带有"不得以此价格向第三方供货"合同条款的合同，这对卖方来说是不公平的。

第二，即使合同的核心条款已经由双方协商达成一致，负责起草合同的一方还是会增加更利于自身利益的合同条款。例如，如果由卖方起草合同，会在合同中列入规定把风险损失第一时间转移给对方的贸易条款。

第三，在跨境交易中，更熟悉书面合同的一方，会坚持订立其境内普遍适用的合同条款，而另一方可能根本不了解这种条款，只能在劝说下勉强同意。

比如，美国合同通常会有"以时间为本"的条款。如此一来，如果没有按约定时间履行义务会被认为构成重大违约，赋予合同另一方索赔或寻求其他补偿措施的权利。然而在更加重视长远合作关系的文化中，这种条款几乎没有实际意义。因为双方持续发展的贸易关系比一次性的交易重要得多，那么在考虑到一方确实存在履约困难时，通常双方会重新协商达成共识。

这些存在明显不公平条款的合同，如果是书面形式的合同，在履约过程中出现争议，法院会考虑在势力不均的情况下签订条款的合理性问题。如合同若被要求强制执行，而法院认为合同中存在不合理条款，则通常会拒绝强制执行。

因此，这就告诉我们，交易各方应该避免利用不公平的优势。符合公平贸易惯例的合同将鼓励贸易各方履行自己的义务。

二、明确当事人的权利和义务

在任何交易中，明确当事人各方权利和义务非常重要。这些内容如果存在模棱两可或缺失的情况，交易将很难进行。在境内贸易中，同一个国家（地区）的当事人可能会按照他们熟悉的当地的法律和惯例来签订合同，如果合同存在条款缺失的情况，双方当事人可以直接用境内法或是商业惯例来补充；而在国际（地区间）贸易中，如果出现这种情况，解决起来就困难得多了。因为不同国家（地区）的法律体系不同，商业惯例也不一样。为了解决这个问题，国际（地区间）社会开始在国际（地区间）贸易中采用统一的国际法律体系和规则来避免这些情况的发生。采用统一的国际法的目的，是要确保贸易各方在跨境交易中都遵守相同的法规，而不考虑他们当地的法律是否相同。如国际（地区间）货物买卖交易的当事人，如果是某一国际条约或协定的缔约成员的公民，比如《联合国国际货物销售合同公约》（CISG），他们就可以依靠这一国际公约来确定他们的基本权利和义务。

但是，仅仅依赖国际法或国际公约来解释合同中的默示条款也是不明智的。因为这可能给当事人带来意想不到的损失。比如，国际（地区间）货物买卖合同中缺少交货时间的条款，卖方如未在一个月内交货，买方可以起诉卖方违约；甚至在买方国家（地区）的法律看来，因为这个重要条款的缺失该合同被视为无效。而如果法院采用的是国际法，这个合同尽管没有写明具体交货期，但是按照行业惯例，该合同默认卖方拥有两个月的合理交货期，因此法院会要求双方继续执行此合同。

所以，为了避免不利和不确定的结果，在国际（地区间）贸易中，最好在书面合同中确定当事人的权利和义务，让各方了解他们该做什么，可以得到什么。当发生违约时，法院将会强制执行明确的条款，从而使各方可以更精确地预测结果。

三、有助于跨文化的交流

在跨境交易中，合同当事人有着不同的文化背景。因此在某些交易内容的理解上，有可能出现一方觉得是合理的而另一方认为是不合理的情况。要解决这个问题，在合同的起草中不仅要考虑到己方的文化和需求，更要反映对方的文化和需求。反映交易各方文化期望的合同更有可能使双方都满意。

作为合同起草方，必须事先了解对方国家（地区）的文化、法律以及他们对跨文化交易的熟悉程度。如果对方不是非常熟悉国际（地区间）贸易，那么在起草合同时，尽量简化合同条款、不写或少写过于专业的术语和俚语、用尽可能平实的语言来描述并起草适当的合同，以期达到相互理解的目的和避免后续分歧的产生。

四、选择恰当的承诺方式

前面我们讲到合同的成立必须经过两个步骤：要约和承诺。无论是要约还是承诺，不同的国家（地区）对其形式或方式的要求都不同。如同合同的形式一样，承诺也可以是口头的，或是书面的，甚至还可能用其他的方式来表示，比如点头、握手。因此在跨境交易中，需要了解合同当事人所在的文化对于承诺的表达方式。

比如，有些国家（地区）的人以握手的方式来表达承诺，而另一方则有可能在做出承诺之前必须看到双方在书面的正式或非正式合同的签字。这种情况下，如果双方事先并未进行充分的了解，在双方见面后经过一番讨价还价并达成一致意见后，用握手表示承诺的一方与对方握手，认为合同就已经成立了，可以进行执行阶段；而必须在合同上签字的一方则坚持认为一定要用书面合同才能达成交易。这样对方也许就感觉不那么愉快了。如果想要达成交易，那么你可以选择要么接受通过握手达成交易的方式并承担可能产生的风险，要么想出一个折中的方法来说服你的客人；如果你不想达成交易，可以告诉你的客人不选择握手交易。

在开展国际（地区间）贸易交易时，最好坚持书面形式的个人承诺，哪怕只是备忘录形式的，这样能有效避免风险的产生。

五、选择适用的法律

在进行国际（地区间）贸易时，合同的当事人经常习惯性地以为他们可以按照自己国家（地区）的法律和惯例来行事，忽略了他们是在进行跨境交易的事实。这样的以为会导致严重的误解。来自不同国家（地区）法律体系的当事人之间签订合同，必须既要遵守自己国家（地区）的法律，同时也要遵守对方国家（地区）的法律。如果各国（地区）法律是相同的，那么没有问题；但事实上即便是同属同一法系的国家（地区），法律也不可能是相同的。所以，如果交易时在法律的遵守和适用上存在矛盾，交易就进行不下去。

在某种程度上，通过在合同中明确设定适用的法律能有效避免这种矛盾的产生。并且在选择合同适用的法律时，当事人并没有绝对的自由，因为有些国家（地区）的法律在某些特定领域的交易上规定必须适用国（地区）内法，如土地交易。

六、保证交易的执行

在国际（地区间）贸易中，交易的执行是非常复杂的过程，可能会出现各种意想不到的情况。尽管有些交易中，当事人各方是通过订立口头合同并在自愿的情况下履行相关的条款，但是如果引起争议的话，他们的权利则无法通过强制执行来实现。

大部分司法规定要求很多交易必须签订书面合同才能被执行。例如，总价值超过法律规定的金额的货物买卖合同必须以书面形式订立才可以被执行；销售或租赁不动产的合同也必须以书面的形式订立才可被执行。

另外，如果需要法院实施强制执行，那么只有当书面合同中包含以下四个基本条款时，才有可能。

（1）货物的种类、数量和质量条款。

（2）交货时间条款。

（3）价格条款。

（4）支付时间和支付方式条款。

七、风险预防

多数的合同当事人都是希望交易能够一切顺利，双方都能从中获益。然而即使是最简单的交易，你也必须考虑未来有可能出现的问题和冲突。

成功的国际（地区间）贸易的第一个准则也是最后一个准则，就是在争端发生之前解决它。争端解决的最好时机就是一开始的时候，那时合同当事人都对交易抱有积极的期望。所以，在最初合同起草的时候，通过选择各方当事人都能接受的对未来可能出现的冲突或争端的补救措施，做到未雨绸缪，那么，这样的事情就不太会发生。

任务三　影响国际（地区间）贸易合同的因素

国际（地区间）贸易涉及不同国家或地区在政策措施、法律体系方面可能存在的差异和冲突，以及语言文化、社会习俗等方面带来的差异，所涉及的问题远比境内贸易复杂。因此，我们在签订国际（地区间）贸易合同，尤其是国际（地区间）货物买卖合同之前，必须要考虑不同因素的影响及其可能带来的后果。主要的影响因素有文化、全球化、政治、国际（地区间）惯例和法律规范以及互联网等因素。

■ 影响国际（地区间）
贸易合同的因素

一、文化因素

随着世界经济一体化和国际（地区间）贸易的不断发展，文化差异对国际（地区间）贸易发展的影响也越发凸显。文化差异体现在文化构成要素的各个方面。具体来说，这些文化层面包括特定的社会意识形态、组织结构和制度等，其中最主要的是意识形态方面，即政治、法律、艺术、道德、哲学、宗教等。不同国家（地区）由于历史传承和文明演绎的差异，在意识形态上有着很大的差别，有的国家在意识形态的主要方面甚至是对立的。适应对象国（地区）特定文化环境的产品往往能取得巨大的销售成功，反之，不能把握对象国（地区）文化环境特点及消费者需求的产品，销售活动往往难以展开。

（一）语言文字的差异对国际（地区间）贸易合作的影响

语言是文化的根本，每种语言都有其特殊的文化内涵。在国际（地区间）经济贸易中，各国（地区）语言的相互碰撞，相互转化，成为达成交易的必经途径。但在国际（地区间）贸易实践中，由于不同国家（地区）、不同民族的语言内涵存在着很大的差异，如果语言转换得不合理，或贸易谈判中出现误解，就会阻碍国际（地区间）贸易合作。

（二）价值观念的差异对国际（地区间）贸易交往的影响

在我国，儒家的正统思想在人们心中根深蒂固，人们习惯于用道德约束的力量来制约日常的生产生活，在西方国家则习惯于用法律来规范人们的日常行为。这种价值观念上的差别，表现在国家（地区）贸易交往中就是各国（地区）处理纠纷的方式差异。因此，在国家（地区）贸易往来中，要特别注重不同国家（地区）之间价值观的差异。

（三）历史文化、风俗、宗教信仰对国际（地区间）贸易的影响

不同国家（地区）的文化风俗都是在各自的历史发展的长河中逐渐形成的，文化风俗的外在体现常常是对于同一事物的不同理解和反应。这种历史风俗文化的差异常常使得在贸易谈判中，双方相互不理解，难以建立信任的合作关系。因此，在国际（地区间）贸易中，从产品的设计研发，到市场的开发建设、广告推销等方面，都要结合不同国家（地区）内部人民所受的传统教育的影响，来研发不同的产品，采取不同的营销策略，只有这样，才能推动国际（地区间）贸易更深层次的进行。

二、全球化因素

20 世纪 90 年代以来，经济全球化的进程明显加快，国际（地区间）贸易在经济全球化背景下得到快速发展。在经济全球化背景下，各个国家（地区）都融于世界多边贸易体系框架之中，贸易数量和总额不断增长；另外，各国（地区）进出口关税也大幅削减，非关税壁垒也逐步受到削弱。建立了被世界各国（地区）广泛接受的国际惯例和国际准则，实行自由化的贸易领域不断扩大。各国（地区）也在最大程度的利用国际（地区间）分工的效益，取长补短，提高国际（地区间）竞争力。从微观层面来看，无论是大公司还是个

体交易者都在寻求能在国际（地区间）市场中达成交易的机会，而他们的这些行为进一步促进国际（地区间）贸易法律适用问题上的国际商法的统一。

三、政治因素

国际（地区间）贸易作为国际（地区间）经济的重要组成部分，深受政治因素的影响。一国（地区）对外经贸政策的制定、涉外经贸活动管理、贸易干预主义、经济外交等国际（地区间）经济关系政治化的具体表现，也主要指向国际（地区间）经济贸易领域。一些国家（地区）政府通过设立直接或非直接贸易壁垒迫使其他国家（地区）政府改变对其对外贸易政策。另外，稳定的政治局势对国家（地区）经济起到推动作用，对于长期国际（地区间）贸易关系的建立也起着预示的作用；强劲的经济增长也会对国家（地区）政治局势起到稳定作用。因此，国际（地区间）贸易从业者应该紧密关注这些政治趋势。

四、国际（地区间）惯例和法律规范因素

在国际（地区间）贸易业务实践中，因各国（地区）法律制度、贸易惯例和习惯做法不同，因此，国际（地区间）上对贸易惯例和术语解释互有差异，从而容易引起贸易纠纷。为了避免各国（地区）分歧和引起争议，有些国际（地区间）组织就对国际（地区间）贸易中的一些习惯做法和术语做出统一的解释与规定，其中影响较大的主要有：国际商会制定的《国际贸易术语解释通则》（*International Rules for the Interpretation of Trade Terms*，INCOTERMS）；联合国国际贸易法委员会主持制定的《联合国国际货物销售合同公约》（*United Nations Convention on Contracts for the International Sale of Goods*，CISG）。

这些国际（地区间）惯例，在国际（地区间）贸易发展的各个历史阶段中都起了积极的重要作用。由于国际（地区间）贸易惯例是国际（地区间）贸易法的渊源之一，在当前各国（地区）都在积极谋求国际（地区间）贸易法律统一化的过程中，国际（地区间）贸易惯例的作用更为显著，尤其是通过国际商会对《国际贸易术语解释通则》的不断修订，有效地促进了国际（地区间）贸易惯例的发展。

熟悉和理解本国（地区）和其他国家（地区）的法规对从事国际贸易至关重要，尤其是关于进出口、反垄断、反贿赂、消费者保护、工业知识产权以及国际（地区间）贸易至关重要。

五、互联网因素

互联网作为一个新兴的电子虚拟市场，以其方便、迅捷的特点使得接触这一新兴事物的人们，尤其是从事国际（地区间）贸易的人士兴奋不已。通过网站的搜索框输入相应的条件，就能搜到你想要的东西和特定的人。通过互联网进行营销的速度，能在全球范围内

找到交易伙伴，促进国际（地区间）贸易的达成。

然而，互联网上的交易存在陷阱。比如，通过电子渠道传输信息的安全性仍然是一个问题。在使用互联网保密信息之前，你应该确定编码信息。而且，你还要注意将自己的知识产权——商标、著作、专利、设计等——放到互联网上之前，要首先确保它们免于受到侵权。

项目实训

▶实训内容

1. 设计调查问卷

了解在义乌从事国际（地区间）贸易的人群对合同的作用的看法，并将调查结果与课堂中所学内容进行对比。

2. 搜集国际（地区间）贸易合同

向从事国际（地区间）贸易的公司搜集其实际业务过程中使用的国际（地区间）贸易合同；并判断该合同是否为国际（地区间）货物买卖合同，依据是什么。

▶实训目标

1. 培养学生掌握收集资料、分析资料并完成一般综合设计项目的能力。

2. 培养学生严谨求实、理论联系实际的科学学习态度。

3. 培养学生良好的与人沟通能力，包括基本商务礼仪、语言表达能力。

4. 培养学生良好的抗挫能力和自信心。

▶实训步骤

1. 以小组为单位设计调查问卷并提交、在得到老师肯定的回复后即可进行问卷调查。

2. 每个小组完成至少10份调查问卷，汇总后进行调查结果的总结分析，并提交报告。

3. 以小组为单位去从事国际（地区间）贸易的公司搜集真实的国际（地区间）贸易合同，每个小组一份。

4. 根据搜集到的合同来判断是否为国际（地区间）货物买卖合同，并提交作业。

▶实训场所

国际商贸城，外贸公司等。

思考与练习

一、判断题（以下说法中对的打"√"，错的打"×"）

1. 根据"投邮主义"原则，承诺不存在撤回的问题。（　　　）

2. 所有的协议都具有法律约束力。（　　　）

3. 所有的合同都是协议。（　　　）

4. 国际（地区间）货物买卖合同的最大特征是主体的国际性。（　　　）

5. 营业地标准是指主体的国籍属于不同的国家。（　　　）

二、单选题

1. 以下哪个不是影响国际商务合同的因素之一（　　　）。

A. 政治　　　　　　　B. 经济的全球化　　　　　　　C. 军事　　　　　　　D. 互联网

2. 根据我国合同法的规定，下列哪项合同是无效合同？（　　　）

A. 一方以欺诈、胁迫的手段订立的合同

B. 倒卖合同的合同

C. 以合法形式掩盖非法目的合同

D. 以上都不对

3. 甲公司与乙公司订立一书面合同，甲公司签字盖章后邮寄给乙公司签字盖章，该合同的成立时间为（　　　）。

A. 甲公司与乙公司口头协商一致

B. 甲公司签字盖章后

C. 甲公司签字盖章后交付邮寄

D. 乙公司签字盖章后

4. 甲公司于 2 月 5 日以普通信件向乙公司发出要约，要约中表示以 2000 元一吨的价格卖给乙公司某种型号钢材 100 吨，甲公司随即又发了一封快件给乙公司，表示原要约中的价格作废，现改为 2100 元一吨，其他条件不变。普通信件于 2 月 8 日到达，快件于 2 月 7 日到达，乙公司均已收到两封信，但秘书忘了把快件交给董事长，乙公司董事长回信对普通信件发出的要约予以承诺。请问：甲、乙之间的合同是否成立，为什么？（　　　）

A. 合同未成立，原要约被撤销

B. 合同未成立，原要约被新要约撤回

C. 合同成立，快件的意思表示未生效

D. 合同成立，要约与承诺取得了一致

5. 受要约人在承诺期限内发出承诺，按照通常情形能够及时到达要约人，但因其他原因承诺到达要约人时超过承诺期限，此时，承诺的效力如何？（　　　）

A. 有效

B. 无效

C. 成为新要约

D. 除要约人及时通知受要约人因承诺超过期限不接受该承诺的以外，该承诺有效

三、名词解释

1. 合同。

2. 承诺。

3. 营业地。

4. 胁迫。

5. 欺诈。

四、简答题

1. 中国法律对"合同"是怎么定义的？怎么理解？

2. 什么是国际（地区间）贸易合同？国际（地区间）贸易合同和国际（地区间）货物买卖合同有什么区别？

3. 国际（地区间）货物买卖合同最主要的特征是什么？怎么理解这个主要特征？

4. 合同在国际（地区间）商务活动的作用有哪些？

5. 影响国际（地区间）商务合同的因素有哪些？

五、案例分析

案例 1：营业地位于英国伦敦的某公司拥有建筑材料存放在上海，该公司与日本某公司签订了销售合同，将这些建筑材料出售给日本公司，而日本公司购买这些材料的目的是修建在上海的酒店。该合同是否属于国际（地区间）货物买卖合同？

案例 2：位于杭州的 A 公司与位于义乌的 B 公司签订了一份购买饰品的合同。而这批饰品被 B 公司存放在韩国，买方 A 公司购买这批饰品的目的是在巴西进行销售，货物由韩国运往巴西，发生跨境运输和货物进出口，并且合同也是在中国以外的国家交付履行。该合同是否属于国际（地区间）货物买卖合同？

起草和签订国际（地区间）货物买卖合同

学习目标

知识目标： 在理解合同概念的基础上，掌握合同的框架，了解货物描述条款、装运条款、知识产权条款、违约条款、法律适用条款等合同条款的意义，并能够在本章学习结束后，起草和审定这些合同条款。

能力目标： 能够看懂合同的目的、意义，并能为具体的合同目的起草合同，使同学们在看到一份合同的时候就知道合同是否具备交易必须的条款，并能针对合同条款与交易对象进行谈判。

素质目标： 培养国际（地区间）贸易法律意识；提升外贸业务员所需的知识素质和能力素质。

业务背景

本章的学习在国际（地区间）贸易实际操作中，属于国际（地区间）货物买卖合同签订阶段，重点要了解国际（地区间）贸易合同的框架，掌握具体国际货物买卖合同条款的起草和审定。

工作任务（案例）

义乌市奇迹进出口有限公司业务员刘丽前期与美国哈克奇进出口有限公司业务员弗兰克（Frank）进行了贸易磋商，基本确定了两家公司的合作意向。现在双方进入到合同的签订阶段。美国哈克奇进出口有限公司给刘丽 email 了一份国际（地区间）货物买卖合同，让刘丽看看有没有问题，没有问题的话，双方可以就该份合同签字盖章，正式建立合同关系。审查合同不仅需要仔细谨慎，还需要专业知识。刘丽拿到合同需要做以下的事情。

任务 1．审查合同条款中关于产品数量、质量、价格等其他条款是否有不符合当初谈判的地方？

任务 2．审查合同基本条款是否具备，哪些条款对自己不利？

任务一　国际（地区间）货物买卖合同的结构

■ 国际（地区间）
货物买卖合同的结构

从事国际（地区间）贸易时，务必要考虑商业习惯和买卖双方所在国（地区）的法律规定。总体而言，商事交易的双方可以自由商定合同条款，但是各交易方所在国（地区）法律可能会要求合同采用书面形式。在一些交易中，法律会规定合同中的部分甚至全部条款。

一、执行合同所必需的条款

如果合同要寻求履行，那么该合同根据某国（地区）法律是否生效就是一个至关重要的问题。尽管，在商定合同条款上双方都有非常大的弹性，但是针对以下四点问题双方必须达成明确的共识：商品条款（数量、类型、质量）、交货日期、价格、付款时间和方式。

二、默示条款

如果合同对某些条款未做规定，则需援引法律来填补这些合同的空白。当因合同条款规定不清、需要解释或需由习惯或惯例决定而引起合同争议时，只能援引法律来界定双方的权利义务。对于国际（地区间）合同而言，默示条款的含义将视不同适用国家（地区）的法律而不同。合同争议也将根据有管辖权国家（地区）的法律解决。法院可以自由裁量哪国（地区）法律有管辖权，法院可以根据合同双方对管辖法律的明示选择或别的内容做出裁定，比如根据合同签订地或与合同最密切联系地做出裁定。

因此，控制合同结果的最好方式就是事先关注合同的任何一个条款，明确规定合同双方的责任。合同条款一定要明确，事先对每种可能状况做出计划。比如，如果你方需购买特定数量的指定产品，则需考虑如何提取货物、谁负责货物包装、是否一次性发货、什么时候发货等问题。

三、检查清单

以下列举的条款是一份完整简单的单次交易的国际（地区间）贸易合同所需的条款。以下所列条款并非每个合同所必需，参考下列合同条款的目的是尽可能明确交易双方的关系，尽可能事先全面地考虑合同履行将面临的问题。

不管你的合同条款是否由己方起草，你都可以根据自己的利益对合同的关键条款做调整。尽管有的国家（地区）法律会默示合同中包含某些条款来鼓励公平贸易，但这些法律的援引通常耗时耗力，如需通过如诉讼、仲裁或调解程序等法律程序。而且，这些默示条款的解释权是在与合同不相关的第三方手上，所以可能解释结果并非如己所愿。所以，预防此类问题发生的最好方法，就是在订立合同时即用书面形式确定合同中的每个条款。这些条款应该包括以下内容。

合同日期，合同各方身份，货物描述，货物数量，货物价格，付款方式，交易媒介（货币、支票等），汇率，成本和费用（税费），成本和费用（保险），成本和费用（装卸及运费），包装安排，交货日期，交货地点，所有权转移条款，运输条款（承运人），运输条款（仓储），运输条款（通知条款），运输条款（发船时间），运输条款（保险及风险防范），进出口文件，发票及交付，再次出口限制条款，检验权条款，赔偿条款，知识产权条款，担保，履行和救济，仲裁条款，时间因素，合同的修改，撤销，违约金，律师费，不可抗力，合同生效及转让，先决条件，管辖法律，法院的选择，条款的可分割性，条款的整体性，通知，约束力，独立咨询，承诺和执行。

四、简单交易复杂交易

对单次的小额交易来说，一张发票或一份简单的合同或许就是可行的。最常见的交易关系是这样的：同一卖方可能生产或代理一种或多种产品，且有多个买家，任一买方在购买产品时都没有专有权。

对更为复杂的交易，最好采用正式的书面合同确定双方的权利、义务以及赔偿责任。一些涉及资本货物、高信用风险和知识产权的合同还需要一些特别保护条款。在准备这些合同时，非常有必要向熟悉交易双方所在国（地区）法律和实践的专业人士咨询。

TIPS

在起草国际（地区间）贸易合同时，明智之举是与交易方一起检查合同的每个条款，并明确询问对方的理解程度，比如可以问："你确定你理解货物的包装由我方的托运人指定吗？"如果你担心在合同履行过程中出现理解错误，你可以要求双方在合同的某些或全部段落后签上首字母，实践中双方一般会在合同每一页签署首字母。有些国际（地区间）合同的各方当事人在通过翻译花费数周时间商议合同后，会要求各方在每个段落后签署首字母。

五、特定合同条款的解释

（一）合同日期

本合同签订于____日。

解释：除非合同另有约定，一般合同的签订时间就是合同的生效时间。这个时间非常重要，因为可能交货时间或付款时间要依此而定。比如，合同可能规定"装运日期为合同签订后 30 天内"。

在从事国际（地区间）贸易时，应该明白各个国家（地区）对于日期的表达形式有所不同。有些国家日期写在月份前面，有些国家则月份写在日期前面。为了防止曲解，最好是在描述日期时拼出月份单词的字母。

（二）当事人身份条款

本合同由卖方＿＿公司（该司是＿＿国（地区）的＿＿性质公司，营业地为＿＿＿＿）与买方＿＿公司（该司是＿＿国（地区）的＿＿性质公司，营业地为＿＿＿＿）签订。

解释：合同仅对签约方有约束力，签约方的身份应在该条款中说明。为保证双方不发生误解，合同应写明签约方的全称。如果合同一方是组织，则应在本条款中阐明组织性质，即是合伙、公司、有限责任公司、非营利企业还是其他。合同签约代表是否具有代表该企业签字的授权应在合同签订之前明确。

注明合同双方当事人主要营业地的惯常做法是在本条款中写明此项，有些合同也会在合同的尾部一起写明合同双方的地址和签字。本条款注明的地址应是合同双方的营业地。如果合同一方有多个营业地，则应写明其主要营业地或工商登记地址。除非合同另有约定，该地址即视为货物交付地、货款给付地、接受通知地。

在国际（地区间）贸易合同中，合同双方身份描述应包含国籍信息。例如，"本公司是依照法国法成立的""该合伙企业依据美国加利福尼亚州法律成立""本人为新加坡公民"。

（三）货物的描述、数量、价格条款

卖方同意向买方出售，买方同意向卖方购买货物，货物描述以附件规定为准，附件是本合同条款组成部分，或以下述质量、数量条款规定为准，如型号：＿＿＿＿＿＿，描述：＿＿＿＿＿＿，数量：＿＿＿＿＿＿，价格：＿＿＿＿＿＿，规格：＿＿＿＿＿＿，总价：＿＿＿＿＿＿。

解释：不管是境内还是境外货物销售合同，货物条款一般都包含两个部分：货物描述和价格。为确保合同能被履行，合同双方必须对上述条款达成合意。尽管有些国家（地区）法律允许上述条款通过商业习惯推定，但绝大多数国家（地区）不允许此类条款通过推定确定。

如果合同未将货物特定化或未做出描述，则合同将因货物无法确定而无法履行。如果对货物的描述使合同双方能够充分理解，且在理解中不能发挥自由裁量权，则该描述条款可被认为已经具体明确。货物可以通过型号、图纸、示意图等其他形式进行描述。如果货物不止一件，则可以合同附件清单形式列明。

如果合同双方未对价格或确定价格的方式达成合意，那么法院也不太可能要求双方实际履行合同。在合同中可注明货物总价，或注明每件价格、每磅价格、每吨价格等其他测量单位确定的价格。就算在合同签订时无法确定货物数量，也应在合同中明确确定价格的方式。在国际（地区间）贸易合同中，描述价格条款时应写明付款货币的简称以防误解，

比如写清 HK$（港币）、US $（美元）。

数量条款也至关重要。如果合同包含多种货物，则每种货物的数量都应注明，可以以每件为单位，也可以以其他计量单位为依据。如果货物数量以重量计算，则应明确该重量是净重还是毛重。

（四）付款条款

买方同意在____月____日前支付价款，或者在不晚于交货日期前____日支付价款。合同价款须汇至合同规定地点或指定地点。合同价款须以____货币、____方式支付。

解释：在单次交易中，卖方会希望在发货之前用最保险的方式收到货款，而买方则希望在付款之前就得知货物清关且货物状态良好。如此双方需要相互让步才能达成合意，双方都会选择采用一些保护性的条款来降低风险。

在国际（地区间）贸易合同中，应该明确合同的支付货币以及支付方式，选择的货币应该是较为稳定和汇率走势较强不易贬值的货币，选择的付款方式也应是较为安全的。例如，可用跟单信用证、付款交单、预付款、电汇等方式。

（五）成本和费用条款

买方须对买卖和运输过程中的如下费用负责：_____。

卖方须对买卖和运输过程中的如下费用负责：_____。

解释：合同中应明确因交易产生的额外支出由谁来负担。尽管你可在合同中引用贸易术语来规范谁应对成本和费用负责，但是你还是应该在合同中进一步阐述双方责任。该些费用包含进口税、出口税、其他关税、船务费用、从价税、获取相关许可证的支出等。

（六）包装条款

卖方可以决定包装方式，只要包装能够避免货物在运输过程中遭致损害并符合以下条件：符合本合同附件所列买方所在国（地区）对货物警示和原产地标志的规定。卖方有义务在交货日期前合理时间内完成包装。如有任何延误，卖方须立即通知买方延迟情况、原因以及预计完成日期，买方将有权选择与卖方商定并以书面形式确认新的交货日期，该新的交货日期视为对原合同的条款的修改，或通知卖方合同终止。

解释：该条款约定应至少要求卖方提供能避免货物在运输过程中遭致损害的包装。如果要求特殊包装，则应另行明确。不仅买方国家法律，而且买方的市场预期也会要求对货物提供特殊包装。因此货物需要符合进口、运输、健康、农业、环境、航海、建筑、海关等法律法规的要求。此类合规要求可能需要获取许可证、安排检验、采用合适的包装和标签、提供保险证明以及为通关提供的其他文件。

合同双方可以约定由买方提供适合在买方所在国（地区）销售的包装。在此种情况下，卖方应在合同中设置针对知识产权和第三方责任的保护性条款。

（七）货物运输与装卸条款

货物于＿＿＿＿地，＿＿＿＿日前发货。卖方须一次性发货。货物到达交货地前的运输方式由卖方确定。卖方须全力安排运输使货物能在交货日期前到达。如有任何延误，卖方须立即通知买方延迟情况、原因以及预计完成日期，买方将有权选择与卖方商定并以书面形式确认新的交货日期，该新的交货日期视为对原合同的条款的修改，或通知卖方合同终止。

解释：国际（地区间）货物销售合同中经常会引用由巴黎的国际商会制定的国际贸易术语解释通则中的贸易术语来划分双方的风险和成本负担。尽管贸易术语的含义已经被规范化，但是在实践当中其解释还是有所不同。对贸易术语的精确解释对合同理解非常重要，因为贸易术语可以决定应由哪一方负责买保险、何时买保险，货物所有权何时从卖方转移到买方，哪一方应对货物的运输费用负责等问题。

如果合同中不援引贸易术语，则应在货物运输与装卸条款中明确负责海洋运输的承运人名称、货物交给买方的时间、地点以及由谁支付具体由某地到某地路程的运费等细节。如果货物运输需要特别注意或涉及多个承运人，则应在此条款中进一步明确。

在订立运输条款时最好选定一个自己信任的承运人。如果一个承运人给出的价格比较优惠或者承运人的运输能力比别人强，此时最好在合同中指定此承运人。但是指定承运人之后可能会涉及对承运人不利的一些条款。因此，就算合同指定了优先条件，还是应该保证拥有对承运人的选择权。另外一种替代约定方式是，当货物需要特别操作时，规定承运人需符合的条件。运输条款中亦须明确货物在运输前及运输途中需要的特别储存要求，例如安全方面、气候方面、环境方面的要求。

合同双方需在此条款中包含通知要求，尤其是在货物还无法立即装运的情况下。因此，可以要求卖方在货物可以装运或可以提货时通知买方，尤其在货物是易灭失或价值浮动大的情况下。如果交易本身具有时间敏感性，你可以同时规定多个通知要求，这样你可以随时追踪货物，也可在货物延迟时减免损失。

（八）保险条款

买方/卖方有义务以自己的花费取得货物运输过程中所需的保险，且保险范围包括买方/卖方的以下利益：＿＿＿＿＿＿＿＿＿。货物保险后的证明，无论是保险单还是保险人提供的其他凭证须在货物发船前交给卖方/买方。任何一方应以自己的花费为货物投保额外自己需要的保险。

解释：合同中应该指定所要求的保险、保单的受益人、谁负责购买保险、谁将为此支付保险费，以及必须取得的日期。合同中应规定哪些文件将被视为合格的保险凭证。

（九）货物所有权

货物所有权于货物到达＿＿＿＿＿＿＿地时转移给买方，所有权转移须以买方完成支付货款为条件。

解释：这是一个重要的条款，因为如果货物在运输途中丢失，所有权人通常承担风险。一般规则是，在卖方将货物交付买方时，所有权转移。因此，如果买方在卖方的营业地提取货物并进行运输，所有权转移，买方承担运输过程中灭失或损坏的风险。如果卖方装运货物，所有权可以在运输途中的任何地点转移，甚至可以在买方的门口转移，这取决于双方在合同中的约定。

双方都应确保至少在他们拥有、持有所有权或对货物负有责任的时候，为"他们的"货物投保。如果使用国际贸易术语解释通则，每个术语都定义了责任和所有权转移的时间和地点。

（十）进出口文件

卖方有义务获得、完成并向_____国（地区）海关提供出口清关所需的文件和费用，包括：_____。买方有义务获得、完成并向_____国（地区）海关提供进口清关所需的文件和费用，包括：_____。买方必须于所有进口要求都满足时通知卖方。卖方在买方提供确凿证据证明已完成所有进口或能按时完成所有进口要求前，可以拒绝发船。如因前述原因导致卖方未能按时交货，将不视为卖方违约。

解释：货物的装运，甚至合同本身，取决于一方是否获得或事先是否安排适当的许可证、检验证书和其他授权。合同要规定完整的进出口文件，该文件指报关清关时需要的所有文件，这也是采购合同项下货物的要求。

该书面条款的目的是根据双方对进出口国（地区）熟悉程度划分双方的清关责任，一般卖方负责出口清关，买方负责进口清关。该条款也可修改成其中一方安排一切清关手续。

（十一）发票条款

卖方有义务签发临时发票和最终发票。发票须明确货物描述、数量及价格。

解释：在货物有可能被任何特定的国家（地区）做进口或出口限制（包括贸易禁运）时，这一条是特别重要的。根据一些国家（地区）的法律，如美国，货物出售给买方后又把货物卖到另一个国家（地区），如果卖到第三国是被第一个出口国（地区）禁止销售的国家（地区），则第一卖方可能受到自己国家（地区）的刑事处罚。

（十二）检验条款

买方或其代理人有权在卖方的营业地点或装运地点检查其货物。如果买方或其代理人拒收货物，认为货物不符合本协议规定的说明和规格，则卖方将支付退货运费，并将货物替换。货物检验和验收完成后，买方或其代理人将出具检验证明和接受货物证明。检验及出具检验证书的费用将由买方承担。买方未能对货物进行检验将视为对检验权的放弃，买方将被视为已接受货物。

解释：买方应坚持在确认收货前行使货物的检验权，以确定货物是否符合合同规定。本条款应规定谁有义务检验如买方、代理人、中立第三方或有资质的检验员，在何地（如卖方工厂、买方仓库或收货码头）检验，以及何时检验。

（十三）担保条款

明示和默示担保。卖方明确保证货物没有任何材料、工艺或安装的缺陷。在交货后的_____天内，卖方将免费更换所有瑕疵商品，包括运输费用。除非本协议另有明确规定，卖方不得以任何形式对货物做担保。卖方不做任何关于货物的特定使用目的和特定适销性的默示担保。货物仅以其本来状态销售，买方理解并同意其自身判断不依赖于卖方对货物的选择或对货物做特殊用途的担保。

解释：卖方可以对货物的适用性及质量提供扩大的或有限的担保，或根本不提供担保。担保的确切条款应在合同中给出。在一些国家（地区），法律将默示卖方提供相应担保，除非卖方明确拒绝。在《联合国国际货物销售公约》中也规定有默示担保。但由于执行困难，最明智的做法是由双方自己在合同中拟定担保条款。

（十四）赔偿条款

买方的赔偿责任。如果买方没有以任何方式改变货物或货物的包装，卖方将因下列原因对被提起的诉讼负责：基于货物在材料、设计或制造过程中的瑕疵，在货物销售或使用过程中侵犯专利或商标权的诉讼。如果买方因此被起诉，买方将立即通知卖方。卖方将赔偿买方因此类诉讼产生的任何责任、损害或费用，并将支付此类判决产生的任何费用。

解释：赔偿条款可由双方拟定。在国际（地区间）贸易合同中，为鼓励买方在新的市场上销售卖方的产品，卖方会同意由其承担买方因特定原因引起的损害赔偿责任，如设计缺陷或制造缺陷。如需卖方承担责任，卖方应确认其货物在销售前在产品及其包装、标签、标记上未被更改；如买方做过任何的更改，则除非该变更经卖方允许，否则卖方将不予承担赔偿责任。

（十五）工业产权和知识产权条款

买方同意卖方拥有与卖方货物有关的设计、专利、商标、商号和公司名称（知识产权）的专有权。买方在卖方的知识产权中没有任何权利。买方保证不使用卖方的知识产权，买方也不会在任何国家（地区）注册卖方的知识产权。买方同意以下行为将被视为对卖方专有权利的侵犯：未经授权使用或注册卖方的知识产权，使用或注册任何类似于卖方知识产权的知识产权。

解释：侵犯知识产权、商标、服务商标、商号、专利、外观设计和类似权利的侵权行为，应尽可能在当事人开始交易时就予以避免。很多时候，卖方会和境外的买方开始买卖关系，而买方可能从没下过第二次订单。然后，5 年或 10 年后，该卖方决定扩大业务到该买方所在地市场，却发现不能注册其知识产权，因为该境外买家已抢注了相同或相似的商标、商号或专利。如果该公司试图在该国（地区）销售，就将被控侵权。唯一补救办法就是收购侵权人，或者通过法院来争取权益，但这将耗费大量的时间和费用。知识产权的价值不可低估，即使在一次性销售中，他们也应得到保护。实践中，侵权的法律救济相比侵权的危害来说相对不足，因此，建议事先规定违约金条款。

（十六）及时履行条款

双方同意<u>（例如，时间及及时履行对本协议至关重要，如果一方未能按时履行，各方将努力重新协商合同条款）</u>。

解释：在美国，合同当事人通常规定及时履行的条款。该条款允许守约方宣布另一方未能在合同规定的时间内履行的行为为违约行为。在其他国家（地区），这种类型的条款被认为是不太重要的，因为缔约双方往往放弃原合同条款或重新协商新条款，而不是起诉要求违约损害赔偿。该条款是否使用可由双方自由选择。

（十七）先决条件条款

本协定是否生效取决于<u>（例如，买方所在（国家/地区）政府是否向买方发出进口许可证，和卖方所在（国家/地区）政府是否向卖方发出出口许可证）</u>。

解释：合同一方应明确规定在其有义务履行合同前必须完成的任何事件。例如，一方可规定卖方在买方提交保证付款的文件前无义务装运货物，也可规定收到预付款为卖方履行的先决条件。如果合同是否生效取决于偶然发生的某些事件，则为确保该意图明确，最好在合同中列举该类事件。在一般情况下，可能导致终止合同的各种条件不受合同双方欢迎，因此该类条款的解释在大多数国家（地区）的法院均非常严格。

（十八）解除条款

如果卖方未能<u>（例如，按时装运全部或部分货物）</u>，买方有权解除本协议。如买方未能在本协议到期日_____天内付款，卖方有权解除本协议。如果任何一方通知另一方，其将不能或无法履行本协议，则收到通知的一方有权解除该协议。为使解除有效，解除合同的一方必须通知另一方该协议已被解除。合同一方收到对方的不履行协议的通知时，即是合同解除的时间。

解释：如果任何一方有权撤销合同，则应规定行使解除权的事由，并应通知对方。撤销权为当事人提供了一种可以不必通过法律程序而寻求救济的方式。

（十九）不可抗力条款

如一方未交货是由于卖方不可控的原因，则合同解除，且双方都不能就因此遭受的损失向对方寻求赔偿。这些原因包括但不限于自然灾害、劳动争议、无法获得必要的运输及出口或进口国家（地区）政府政策的变更。

解释：所有合同中的一个共同条款——不可抗力条款表达了当事人的意图：如果无法履行合同是由自然灾害或其他超出了各方控制的灾难性事件引起的，则该合同解除。

（二十）违约条款

合同双方明确，违约行为将导致守约方遭致损失，在销售、市场和商誉上该损失都很难计算。双方一致认为，如果一方违反本协议，双方将对损失做合理预计。如果卖方因任何原因无法交付货物，且买方无过错，卖方将向买方支付违约金（金额和金额）。如果买方未能提供装运指示，无理由拒收货物或者未按时支付款项，则买方应向卖方支付违约金_____。如果买方侵犯卖方的知识产权，则侵权行为存在的每天买方将向卖方支付违约金_____。违约金的支付不以任何形式影响卖方要求买方停止使用其知识产权的权利。

解释：当事人可以约定违约赔偿金的具体数额，只要该数额是一个合理的损失估计，该条款通常是可执行的。该数额估计必须是合理且必须和预期或实际损害所造成的损失相关。在一般情况下，证明损害发生的证据是非常困难甚至是不可能的，且损害救济可能是一个不充分的救济，因为伤害会继续发生，除非它被禁止。

（二十一）仲裁条款

除非有违约金的规定，双方约定因本协议的条款或履行产生的任何争议将提交某地依照某仲裁条款的某仲裁机构解决。

解释：合同双方可以选择仲裁作为解决合同纠纷的另一种方式。仲裁允许当事人在一个中立的人或审判席前提出他们的主张，且相比法院的审判，仲裁在程序上不那么烦琐。仲裁作为合同补救措施在商业纠纷中越来越受欢迎，很大程度上是因为合同双方在仲裁中对抗性减弱，成本更低，而且比诉讼快。不过，合同当事人应在合同中明确以仲裁解决争端。如果双方同意使用仲裁，而后又提起诉讼，则法院很可能会援引仲裁条款，要求你继续使用合同约定的仲裁方式解决争端。

仲裁条款应注明仲裁是否具有约束力；仲裁在哪个国家（地区）进行；仲裁裁决的执行程序；仲裁规则，如联合国国际贸易法委员会示范规则；仲裁机构，如巴黎国际商会；规范仲裁程序问题的法律；仲裁员选择上的限制，如与争议双方国籍相同的仲裁员必须回避；仲裁员的资格或专长；仲裁使用的语言；翻译。

仲裁不适用于所有国家（地区）。如墨西哥的争端很少通过仲裁解决；在整个亚洲，仲裁几乎和法庭上的诉讼一样烦琐；此外，一些国家（地区）不承认其他国家（地区）的仲裁裁决。在选择仲裁作为解决潜在合同纠纷的方式之前，合同双方应向熟悉对方当事人所在国家（地区）法律的律师咨询后，再做决定。

（二十二）法律适用及法院选择条款

各方理解并同意适用(地点)的法律来解释本协议争端。本协议（适用或不适用）《联合国国际货物销售合同公约》。任何有关双方争端的诉讼必须在 (地点) 提起。

解释：双方可以选择某国（地区）的法律来解释合同条款。你选择的法律通常会影响你在何地提起诉讼或强制执行判决，何种法律、规则和程序将被适用。如果可在本国（地区）提起诉讼，则国内律师和商业法律相对来说是你熟悉的，这与你在境外提起诉讼，使用不熟悉的境外法律和律师是完全不同的体验。合同双方还应确定解决争端的地点，如货物的原产国（地区）或货物目的国家（地区）或在其他较为方便的第三国（地区）解决。

（二十三）合同的修改条款

本协议的所有修改必须以书面形式做出，且由双方或其授权代理人签署。如果一方对另一方的某项违约放弃其权利，该项放弃不影响守约方对另一方后续违约提起赔偿的权利。

解释：该条款要求双方对合同中的任何变更必须提前且以书面形式做出。这一条款对所有合同都适用。这是一个防止口头变更的明智之举。如果双方有口头或书面的任何弃权声明，该条款可以防止对方误解一方对后续索赔权利也已放弃。在与境外商人签订合同时，该条款可以避免因口头上的修改而引起的误解。

（二十四）合同生效及转让条款

本合同对合同当事人、合同权利的继受人及合同的受转让方均具有约束力。在未取得另一方同意前，任何一方不得将合同权利转让或指定其他人履行合同。

解释：在一次性销售中，一方不太可能有时间将合同转让给另一方。然而，转让的可能还是存在的，尤其是在与经济或政府不稳定的国家（地区）进行境外交易时，该转让条款十分重要。

（二十五）合同分割条款

如果本协议的任何条款因任何原因无效或不可执行，该条款是完全可分的，且将被视为与本协议的其余部分是分开的。其余条款将继续有效并可执行，如同无效或不可执行的条款不存在一样。

国际（地区间）
货物买卖合同的结构

解释：双方应在合同中包含此标准条款，约定可以在不影响合同有效性的情况下，从合同中删除个别条款。这一条很重要，因为如果其中一个条款无效或不可执行，而合同的其余部分仍然有效。

（二十六）合同整体性条款

本协议是双方当事人之间的全部合意。卖方不受其他任何陈述、承诺或诱因的约束，无论该陈述是否由卖方代理人或雇员做出，除非该陈述已在本协议中规定。买方明确同意，除本协议所载条款外，对其他任何陈述均不依赖。

解释：合同谈判可能持续很长一段时间，且会经历多次会议。在国际（地区间）贸易合同谈判中，交易者经常在不同的场合，如商业或社交场合中会面。这一条款强调仅书面协议上的文字构成双方最终协议，双方在谈判过程中所做的陈述不是合同的组成部分。

（二十七）通知条款

本协议项下的通知，一方必须向本协议规定的另一方地址发出书面通知。通知到达对方的时间被视为收到通知时间。一方必须在变更地址生效后的 (___) 天内以书面形式通知另一方。

解释：尽管该条款非必需，但是该条款在决定接受的程序上至关重要。该条款约定使用书面通知，因此任何口头通知必须以书面方式再次做出才生效。

（二十八）合同双方的资格条款

合同双方明确，任一方均有签订合同和受合同约束的资格。

解释：不管当事人是个人还是商业实体，都应增加此条款，因为它可以保证合同双方有权签订合同。如果一方没有权利，合同可以被撤销。如果一方是个人，他或她必须具有签约的民事行为能力。如果当事人是一个实体，签名人必须是授权代表。

如果协议的履行超越了单次交易，则境外签约方的行为能力由境外政府有权机构做出能力认证。如果境外公司是一个公司或类似的实体，其行为的能力也应由该公司管理机构的公司决议证明，如其董事会。境外公司也可能需要你提供类似证明。所以应在合同中规定要求提供充分的资格证明文件。

（二十九）独立咨询条款

合同双方确认在签约之前已经咨询专业人士，或有机会就法律、税务、会计及本协议其他相关内容获取专业咨询意见。各方进一步承认，双方的签约行为是基于其独立判断，或基于其就合同权利、义务、责任及合同后果取得的独立咨询意见。

解释：国际（地区间）贸易合同是由受不同的法律管辖的各方签订，且一方往往比另一方在业务上更娴熟有经验。为了执行本协议，明智的做法是将这一条款包括在内，以表明各方有权就本协议项下的权利和义务在获得独立的法律意见的基础上签订协议。

（三十）诉讼费用分担条款

在诉讼中，胜诉方可要求另一方负担所有花费和律师费，如果：（1）本协议任何一方因强制履行另一方义务需要聘请法律顾问或承担其他费用，或由于另一方未执行本协议所施加的任何义务而遭致任何索赔、要求、诉讼或其他司法程序。（2）因本协议一方起诉或被起诉。（3）诉讼判决另一方违约。在这种情况下，胜诉方有权向另一方追讨所有合理的律师费和其他在执行或辩护中发生的费用。这些费用均可获得赔偿，无论费用是发生在诉讼之前、诉讼准备中或诉讼完结后。

解释：有关法律费用和律师费的赔偿的法律因国（地区）而异。在一些国家（地区），胜诉方有权在大多数诉讼中从另一方收回所有费用。在其他国家（地区），收回法律费用只在某些类型的诉讼中有，如基于疏忽、错误或欺诈行为的诉讼。就算法律没有这方面的默示规定，如果双方对法律费用和律师费有明确约定，法院通常会判决执行该条款。

（三十一）接受和执行条款

如果接受要约，买方必须在未对要约做任何修改的前提下，签署要约并在要约有效期内寄回。卖方可以在收到承诺前任何时间撤销该要约。

解释：如果要约规定了接受的方式，接受必须以规定形式做出，否则合同不成立。该条款要求接受不得对要约内容做任何修改，这意味着任何修改过的"接受"将被视为是一个还盘。

买卖双方的全称必须在双方签字下方给出，以防对交易双方的身份产生误解。如果其中一方的签字人不是签约方，则应写出签字人和签约方的关系。

任务二　起草精确的合同条款

在起草合同条款时，想要消除一切合同漏洞几乎是不可能的，因为起草时无法预测未来所有的变化。

尽管我们无法写出一份完美无缺的合同，但是在写合同时也应做到尽量精确。合同越确切，以后因此引起的麻烦就越少。合同起草后，应寻找合同什么地方可能出错，如果出错了，也应以后避免不再犯类似的错误。

下文所述的条款旨在指导我们如何发现合同漏洞并加以改正。在检查合同时应以对方当事人的视角去看，看哪些地方会给对方可乘之机，然后再以自己的视角看合同语言是否已满足合同充分被履行的目的。

一、合同签署条款

粗劣版本

本合同经双方签字后生效。

解释：本条款的目的是为合同的形成提供时间和生效方式，但条款太过模糊。如果合同仅由一方签署，它是否对双方都有约束力，或者双方在合同生效前必须签署？如果双方在不同的日期签署，哪一个有效？如果合同的最后一方在签订合同前变更条款，合同是否已经成立？

更优版本

生效日期：本合同于双方签字且卖方/买方未对合同条款做任何改变、删除或增加时，生效并产生约束力。

二、要约承诺条款

粗劣版本

当卖方接受订单所有内容时，合同成立。

解释：本条款未对接受的期限设定日期——它完全是开放式的。一般规则是，如果没有指定的时间，必须在"合理的时间"内接受，但是往往双方对"合理的时间"理解不一。如果买方发出要约后，未在其认为的合理时间内收到接受信息，则买方会向别的卖方发要约。若此时两个卖方都接受，买方又无货就麻烦了。

更优版本

生效日期：本合同于卖方签订之日生效，且卖方未对合同条款做任何修改、删减、增加，并在规定日期前将签字后合同传真给买方。此后，卖方需将合同原件邮寄买方。

三、货物描述条款

粗劣版本

货物的描述如下：（合同项下货物的规格和数量描述。）

解释：尽管如此书写已经可以描述货物，但是却难以操作，尤其是在国际（地区间）贸易中，由于无法提前检验货物、运输成本高、运输时间长、延迟交货等原因，货物描述条款应视买方的要求和卖方的实际履行能力不同而允许一些变化，当然这些变化应该是符合自己需求的。以下是一些较好的示例。

更优版本 1

可行的货物数量、规格、颜色：如果卖方交付货物数量多于或少于合同规定的数量，只要不符部分在合同约定数量的____% 内，则交付的数量被视为可接受；如果货物在类型、颜色或其他特征上不同于本合同描述，则该货物在符合以下条件时被视为可接受：（如唯一颜色的区别是在货物边缘；或不同因生产批次不同引起；或提供的货物也可做相同用途；或卖方在装船前预先通知买方这些变化，且买方书面表示同意）。

更优版本 2

货物颜色和成分描述：买卖双方同意交易如下描述货物；双方同意货物材质和颜色可因原材料和手工制作因素略有不同；只要货物的质量不受影响，且货物颜色的深浅在装船前 __ 日已书面通知买方，则卖方可决定货物的颜色和材质；买方在收到此通知后两日内，可选择撤销合同或确认此种变更，且买方需以书面形式告知卖方；如果卖方既未收到买方的撤销通知，也未收到确认通知，则视为卖方可以以改变后的同等质量的货物交货。

更优版本 3

指定数量条款：买卖双方同意交易如下描述货物：在_____月_____日之前，或在合同签订 30 天后，买方可向卖方书面通知买方所购买的货物数量，该数量不低于_____也不得超过_____。如果卖方没有在合理时间内收到买方关于指定数量的通知，则货物的数量是（如 2000 套或 250 箱）。

更优版本 4

数量或规格变更条款：卖方同意出售，买方同意购买约定货物 2000 套或 250 箱。只要数量变化不超过_____也不低于_____，且有关规格的变化已经以书面形式通知另一方，则在交货日期前_____天，任何一方可以书面通知另一方要求改变货物的数量或规格。在收到变更通知后的两天内，受通知方有权以书面形式取消合同或同意变更。

更优版本 5

全部产量购买条款：买方同意向卖方购买由卖方位于＿＿＿＿的工厂于＿＿＿＿月＿＿＿＿日至＿＿＿＿月＿＿＿＿日间生产的所有＿＿＿＿产品。双方约定产品数量大约为＿＿＿＿。产品价格为包含＿＿＿＿每件＿＿＿＿元。

更优版本 6

卖方承诺，于＿＿＿＿月＿＿＿＿日至＿＿＿＿月＿＿＿＿日间向买方提供＿＿＿＿件＿＿＿＿产品，且买方承诺以＿＿＿＿价格（含）购买该些产品。双方约定至少交易＿＿＿＿件＿＿＿＿产品，超过＿＿＿＿件后卖方无需再提供。

四、产品质量条款

粗劣版本

产品合适性。产品必须符合可商销品质。

解释：可商销品质的意思是商品应符合普通的合理用途，包含某种合理的但不是预期内的用途。这种性能标准是模糊的，对买卖双方来说都没有意义。例如，椅子是用来坐的，但是当手头没有脚凳时，椅子通常是一个方便的替代品。因此，当制造商销售可商销品质的椅子时，制造商还应注意有人可能会站在它上面。买家在购买椅子时也无法确定椅子除用于坐之外，是否还可以用于其他用途。即使椅子只用于坐着，"可商销品质"的标准也不能确定在椅子上可以安全放置的最大重量。当商品被用于某种预期外的但合理的用途时，只有具体的执行标准能保护双方免受伤害。

更优版本 1

产品需符合（国家／地区）的技术标准，或满足家庭使用的行业标准，或最大承重＿＿＿＿。该产品用于（指定用途），不用于其他用途。买方没有通知卖方所需要货物的任何特定用途，卖方也没有向买方表示货物可以用于除在本条款明示外的任何其他用途。

更优版本 2

产品需符合（国家／地区）的技术标准，或满足家庭使用的行业标准，或最大承重＿＿＿＿。该产品用于（指定用途），不用于其他用途。该产品在不违反上述标准的同时按照买方要求进行修改。卖方不保证按要求修改后的产品符合买方预期用途。

五、合同价款条款

粗劣版本

购买价格。买方同意以一箱＿＿＿＿元，每箱250件，购买该产品。

解释：在国际（地区间）贸易中，由于需要使货物满足境外销售的法律和文化要求，制造和包装成本的估计往往比境内交易要困难得多。且为了满足不同长度的海洋运输和货物在不同运输工具上的搬运，往往需要不同的包装。从买方角度来看，买方市场价格可能会在货物到达之前就发生变化，特别是在一些通货膨胀严重和局势不稳定的地区。为了反映这些履行困难，也为了避免负担过重而违约，国际（地区间）贸易合同可以允许对采购价格进行调整。

更优版本

购买价格。买方同意以一箱_____元，每箱 250 件，购买该产品。在符合以下条件时，合同价格可予以调整。

1. 在货物交付前有任何原因致使卖方的制造和生产成本大幅增加，如果以原定价格出售货物将使卖方遭受极端困难，则双方同意将为达成一个公平价格而进行重新谈判。如需重新谈判，卖方应至少在交货期前_____天内以书面形式通知买方重新谈判。如果双方未能就新购买价格达成一致，本协议将终止，任何一方无需负责。

2. 在货物交付前有任何原因致使买方市场价格大幅下跌，如果以原定价格购买货物将使买方遭受极端困难，则双方同意将为达成一个公平价格而进行重新谈判。如需重新谈判，买方应至少在交货期前_____天内以书面形式通知卖方重新谈判。如果双方未能就新购买价格达成一致，本协议将终止，任何一方无需负责。

六、含成本的价格条款

粗劣版本

采购价格包含包装、装卸、运输、运费和海关费用。

解释：我们无法预料货物从卖方转移到买方所在地产生的费用。如果估价过低，卖方的利润可能大幅削减甚至亏损。如果估计过高，产品可能缺少竞争力。明智的做法是将费用和支付方逐项列出，而且数额应该保持灵活，以防各项费用的变动。

更优版本

购买价格包含以下内容：包装和装运前的搬运费用。采购价格不包括以下内容：政府机关对货物生产、销售、运输、进口、出口征收的税费及货物各项运输费用，这些费用由卖方分别向买方收取，且以货到付现方式收取。

七、交货日期及发船日期

粗劣版本

货物在_____月_____日前以 FOB 纽约方式运输。

解释：除非双方愿意按交易过程或行业惯例接受贸易术语的定义，否则不应单独使用缩写的交货条款，包括 Incoterm（international commercial term，国际贸易术语）。缩写的术语无法定义运输和交付的所有要求。此外，这些术语的含义经常因国家（地区）而异，在合同中可能产生歧义。明智的做法是在交付和运输条款中添加一些简短但明确的细节来具体定义特定环境下的贸易术语。比如，如果货物被起重机吊挂，已经越过船舷，但还没有被堆放，在 FOB 条件下是否意味着已经交货？FOB 的意思可以根据港口的操作实践而有所不同。此外，如果买方有熟悉的承运人，则运输安排不应仅由卖方自行决定。此外，应约定延迟交货的后果。

更优版本

货物将于 (日期) 前在纽约船上积载后交货。到交货点的运输方式由卖方决定。如果发货延迟，卖方将立即通知买方预计交货时间和延迟的原因。如果延迟不超过交货日期后的_____天，该延迟将不构成对本协议的违约。如果延迟时间更长，则买方将有权终止本协议。

八、交货地点及运输条款

粗劣版本

货物以 FOB 方式运输至纽约的货运终点站。

解释：合同双方在界定运输和风险负担时采用了错误的贸易术语。FAS、FOB、CFR 贸易术语意味着货物运输至交货船只上即是货交买方。错用贸易术语容易导致难以预见的风险。在上述条款中，卖方在货物交至装运港船上后仍需对货物灭失风险负责。在考量交易细节时，一定要从承担风险的一方的角度出发，从而选取合适的贸易术语。

更优版本

货物以 FCA 纽约方式交货。

九、保险条款

粗劣版本

买方／卖方需将货物以_____金额投保。在货物装运前，投保方需将保险单或其他保险凭证交至买方／卖方。未将货物投保将构成对本合同撤销的理由。买方或卖方如需额外保险，该保险将由需求方负责。

解释：在境内贸易中，因买卖双方都熟悉境内保险规则，该保险条款可以适用，但在国际（地区间）贸易中则不然。除非双方都确定指定金额的保险可以购买，否则未投保不构成撤销合同的理由。

更优版本

卖方／买方有义务为货物投保保险，保险金额为货物发票价值，且买方／卖方需为保险单上的受益人。在货物装运前，保险单或保险人出具的其他保险凭证应交至买方／卖方。如果买方／卖方未能按约将货物投保，则另一方可为货物购买保险，并向买方／卖方收取保险费。买方或卖方如需额外保险，该保险将由需求方负责。

十、货物所有权转移条款

货物所有权
和风险转移

粗劣版本

货物所有权在运输后转移至买方。

解释：一旦所有权转移，风险也跟着转移，因此所有权转移条款应该清晰明确。而本条款中运输可以有多种解释：是货交第一承运人后转移还是货物上船后转移，有歧义。

更优版本

货物在交至买方时，所有权发生转移。货物在装运港装上船时，视为货物交至买方。

十一、所有权转移时风险也同时转移条款

风险负担的7种
具体情形

粗劣版本

货物在买方营业地址由买方接受后，所有权转移至买方。货物风险在买方对要约做出承诺时转移至买方。

解释：以上条款中，货物的所有权和风险在不同的时间点转移。在买方做出承诺时，货物依旧在卖方仓库中，而此时若卖方仓库发生大火，货物灭失风险却由买方负责，而此时买方连货物所有权都没有。买方在没有所有权的情况下很难向保险人要求支付保险金。

更优版本

货物的所有权和风险在货物装运港装船并理舱后同时转移至买方。

十二、退货条款

粗劣版本

在首批货物装运后，若买方在尽合理、勤勉的努力后仍无法出售货物，买方有权在_____天后，将任何无法出售的货物退还给卖方。

解释：该条款的用意很模糊，因为首次装运后是指首批货无法销售可以退货，还是说首批装运后的任何批次货物都可退货？卖方的原意是想说除第一批货物外，其他批次货物无法出售的可以退还。

更优版本

除第一批货物外，若买方在尽合理、勤勉的努力后仍无法出售货物，买方有权在_____天后，将任何无法出售的货物退还给卖方。买方的退货权限不包含首批货物的任何产品。

十三、清关条款

粗劣版本

卖方负责办理货物清关手续。当清关完成后，卖方将立即通知买方货物可以交付。

解释：该条款没有明确卖方是否须负责办理出口清关、进口清关还是两者都需办理等内容。此外，如果货物因卖方不能控制的因素而无法清关，则卖方可能构成违约。即使货物清关完毕，卖方也须先将货物储存，直到买方收到通知安排好收货事宜后，卖方才能发货。

更优版本

卖方应于＿＿＿＿＿＿＿月＿＿＿＿＿＿＿日前将货物送到至买方营业地，并预留充足时间负责获取、完成、提交出口清关和进口清关所需的各种材料并支付清关费用。买方为配合卖方清关应提供清关所需文件及信息。如果由于买方未能提供文件或信息而导致的清关延误，卖方将不被视为因延迟交货而违反本协议。只要在＿＿＿＿＿＿＿月＿＿＿＿＿＿＿日之后，因买方未在到货前完成接货手续而导致卖方产生仓储、保管费用的，卖方可向买方收取该费用。

十四、检验条款

粗劣版本

在接受货物之前，买方有权在交付货物的时间和地点进行检验。

解释：如果交货时间和地点对买方行使检验权来说十分方便，则本条款就足够了。然而，如果因条件限制买方无法行使这些权利，则买方的商检权利毫无用处。因此，如果是在卖方工厂边交货，则境外买家在接受货物之前不太可能检查货物。故在授予检验权时，不仅应确保买方或其授权代表有检查的权利，还应给予买方合理时间来完成检验。

更优版本

在接受货物之前，买方有权在货物到达买方指定地点后对其进行检验。买方对货物的接受或拒绝必须在货物到达目的地后的＿＿＿＿＿＿＿个工作日内作出。买方未对货物进行检验的，视为对检验权的放弃。

项目实训

▶实训内容

1. 每位同学至少阅读 5 份国际（地区间）货物买卖合同，并自己草拟一份。

2. 以 3~4 人为一组，针对上一题中草拟的合同，进行相互对比，选出最佳条款，并做解释。

■ 英文国际（地区间）
贸易合同范本

▶ **实训目标**

1. 培养学生收集资料、分析资料并完成一般综合设计项目的能力。

2. 培养学生严谨求实、理论联系实际的科学学习态度。

3. 培养学生良好的与人沟通能力，包括基本商务礼仪、语言表达能力。

4. 培养学生良好的抗挫能力和自信心。

▶ **实训步骤**

1. 由教师提供 8 份国际（地区间）贸易买卖合同，学生至少选取其中 5 份详细阅读。

2. 教师布置交易任务：境外乙方向境内甲方购买 cx-3 型号的保温杯，价格为每件 10 元，数量为 80000 件，信用证付款，CIF 纽约，2017 年 12 月 15 日前发货。请同学们根据以上条件，每人草拟一份合同。

3. 以 3~4 人为一组，针对上一题中草拟的合同，进行相互对比，选出最佳条款，并做解释。每组做一份 PPT，展示时间为 10~15 分钟。

▶ **实训场所**

校内实训室。

思考与练习

一、判断题（以下说法中对的打"√"，错的打"×"）

1. 我们在签订国际（地区间）货物买卖合同时只需要考虑己方的问题就够了。（　　　）

2. 在合同的违约条款中我们不需要考虑不可抗力的因素。（　　　）

3. 如果因为政府管制等原因造成货物价格急剧变化，我们也要严格按照合同来执行。

（　　　）

4. 在合同的法律适用条款中，当事人可以随意规定使用哪国（地区）的法律。（　　　）

5. 一份有效的合同必须包含必备的条款。（　　　）

二、单选题

1. 合同成立的日期一般来说也是合同生效的日期，除非合同中另有说明。以下日期对合同成立的日期非常重要。（　　　）

A. 支付　　　　　　　　　　　　B. 发货

C. 支付与发货都是　　　　　　　D. 支付与发货都不是

2. 合同中关于货物有两个非常重要的条款，无论是国内（地区）交易还是国际（地区间）交易，请问是哪两个？（　　　）

A. 数量　　　　　　　　　　　　B. 质量

C. 型号   D. 数量和质量

3. 国际（地区间）货物卖合同中的支付条款应该详细描述（   ）。

A. 支付的时间和地点   B. 支付的数量和币种

C. 支付方式   D. 以上都是

4. 在包装条款中，至少要求买方提供能够（   ）的包装。

A. 适合直接销售   B. 包含货物警告的

C. 支付方式   D. 以上都是

5. 在货物装运前，买方通常会坚持自己对货物的（   ）权力，以检查货物是否达到合同具体的要求。

A. 保险   B. 检验

C. 补偿   D. 发票

三、翻译题

1. 本合同签订于 2017 年 11 月 14 日。

2. 货物所有权于货物到达目的地时转移给买方。

3. 仲裁裁决是终局的，对双方都有约束力。

4. The covering letter of credit must reach the seller 45 days prior to the shipment date.

5. In case of quality discrepancy, claim should be filed by the buyers within 30 days after the arrival of the goods at port of destination.

四、简答题

1. 在起草国际（地区间）货物买卖合同前，需要考虑的出口相关问题有哪些？

2. 支付条款中对支付方式的规定应该遵循什么原则？

3. 商标和商号的价值是什么？

4. 执行合同所必需的条款有哪些？

5. 请举例什么样的货物描述条款是好的条款？

学习目标

知识目标：掌握买卖双方的基本权利和义务；了解违约的概念和分类，以及在国际（地区间）贸易中违约的救济方法；了解国际（地区间）贸易争端解决的途径以及它们的定义、优缺点和执行过程等因素，并在国际（地区间）贸易争端解决的过程中充分考虑这些因素；掌握相关术语的表达方式及其正确含义。

能力目标：具备能根据实际情况具体分析国际（地区间）货物买卖合同买卖双方的权利和义务的能力；能够辨别国际（地区间）贸易中的各类违约以及所对应的救济方法；能够辨别国际（地区间）贸易中的各类违约及其对应的救济方法；会用适当的途径和方式解决和处理在国际（地区间）贸易履行过程中的争端；会搜集资料并进行简单分析总结。

素质目标：培养良好的礼仪和与人沟通的能力，培养国际（地区间）贸易法律意识，培养理论联系实际的学习能力。

业务背景

本章的学习在国际（地区间）贸易实际操作中，属于国际（地区间）货物买卖合同签订后的履行阶段，需要充分了解买卖双方的基本权利和义务，掌握违约的分类以及救济方法，掌握国际（地区间）贸易争端解决途径的优缺点和执行过程。

工作任务（案例）

义乌市奇迹进出口有限公司跟美国哈克奇进出口有限公司签订了两家公司的国际（地区间）贸易业务合同。现在双方进入到合同的履行阶段。作为一家新企业，对于公司成交的第一笔国际（地区间）贸易业务合同的履行需要非常谨慎。当事人双方对合同中的各自的权利义务是否都清楚了呢？所以，义乌市奇迹进出口有限公司需要完成以下三个任务。

任务1.请你帮助合同双方当事人了解国际（地区间）贸易业务合同履行过程中买卖方的权利和义务。

任务2.请你帮助义乌市奇迹进出口有限公司了解什么是违约以及违约后可以采取的救济措施有哪些。

任务3.请你帮助义乌市奇迹进出口有限公司了解可以解决国际（地区间）贸易争端的几种途径。

任务一 买卖双方的权利和义务

国际（地区间）货物买卖合同是一种双务合同，合同一经成立，双方当事人都有责任履行其各自的合同义务。在买卖合同中，卖方的基本义务是交付货物，买方的基本义务是支付货款。有时候合同文意使当事人很难判断自己的权利和义务，如果不能准确理解合同文意，将可能丧失一些本属于当事人的利益，更糟的是，当事人有可能无意中就违约了，并要承担损害赔偿的法律责任。

买卖双方的义务是国际（地区间）贸易法的主要内容。根据契约自由原则，买卖双方可以在合同中约定他们各自的义务，凡是合同中明确规定的，应以合同约定为准来履行义务。对于合同未约定或约定不明确的，应援引国际（地区间）贸易公约、境内立法及国际（地区间）贸易惯例的规定。《联合国国际货物销售合同公约》（以下简称《公约》）对买卖双方的义务做了详细规定。

一、卖方的主要义务

《公约》第 30 条规定，卖方主要承担以下四项义务：① 交付货物，② 移交与货物有关的单据，③ 对货物品质的担保，④ 对货物权利的担保。国际（地区间）货物买卖合同的履行主要是指卖方对合同的履行。

■ 卖方的主要义务

（一）交付货物

交付货物是指卖方在某一特定地点和时间将货物交由买方处置，转移货物所有权的行为。在国际（地区间）货物买卖中，存在两种交货方式：一种是实际交货，即卖方亲自把货物连同代表货物所有权的单据一起交到买方手中，完成货物所有权与占有权的同时转移；另一种是象征性交货，即卖方只把代表货物所有权的证书（提单）交给买方手中，完成货物所有权的转移，即为完成交货义务。

■ 国际（地区间）货物
买卖的交货方式

《公约》第 31—33 条对卖方履行交货义务的时间与地点做了下列规定。

1. 交货地点的规定

（1）如果买卖合同对交货地点已有规定，卖方应按合同规定的地点交货。如果合同对交货地点没有做出规定，卖方应按下述三种不同情况履行其交货义务（《公约》第 31 条规定）。

（2）如果销售合同涉及货物的运输，卖方只要把货物移交给第一承运人就算履行了交货义务。

（3）如果合同中未涉及卖方应负责运输事宜，不论合同指的是特定货物，或从特定存货中提取的，或尚待制造或生产的未经特定化的货物，只要双方当事人在订立合同时已知道这些货物是在某一特定地点，或将在某一特定地点生产或制造，则卖方应在该地点交付。

（4）在其他情况下，卖方的交货义务是在缔约时的营业地把货物交给买方处置。

2. 交货时间的规定

在一般情况下，卖方应在合同中双方约定的时间交付货物。《公约》第33条对卖方的交付货物日期做了下列规定。

■ 关于交付货物时可能产生的其他义务

（1）如果合同中规定了日期，或从合同中可以确定交货日期，则卖方应在该日期交货。

（2）如果合同规定了一段交货时间，或从合同中可以确定一段时间，除非情况表明应由买方选定一个日期外，卖方有权决定在该段时间内任何时候交货。

（3）在其他情况下，卖方应在订立合同后一段合理时间内交货。

（二）移交与货物有关的单据

卖方移交单据的义务具体包括：一是卖方应保证单据的完整和符合合同及公约的规定；二是卖方应在合同约定的时间、地点移交单据；三是卖方提交的单据必须严格符合信用证的规定。

所谓保证单据的完整，是指卖方应提交一切与货物有关的单据，使之足以作为买方正当获得所有权及占有货物的保证。按照国际（地区间）贸易惯例，在大多数情况下，卖方都有义务向买方提交有关货物的各种单据。

通常情况下，买方支付货款的对流条件是卖方提交运书单据的条件，其意思是指买卖双方同时履行各自的义务，比如常见的付款交单。《公约》第34条规定："如果卖方有义务移交与货物有关的单据，他必须按照合同所规定的时间、地点和方式移交这些单据。如果卖方在那个时间以前已移交这些单据，他可以在那个时间到达前纠正单据中任何不符合同规定的情形，但是，此权利的行使不得使买方遭受不合理的不便或承担不合理的开支。但是，买方保留本公约所规定的要求损害赔偿的任何权利。"《跟单信用证统一惯例》

■ 单据的种类

（*Uniform Customs and Practice for Documentary Credits*，以下简称 UCP 600）第6条对卖方交单地点做了以下规定：可在其处兑用信用证的银行所在地即为交单地点。可在任一银行兑用的信用证其交单地点为任一银行所在地。除规定的交单地点外，开证行所在地也是交单地点。

信用证是大多数国际（地区间）贸易采用的支付货款方式。信用证是按照买卖合同开出的，单据符合信用证规定就是符合买卖合同规定。在信用证付款方式下，银行作为中介，将卖方提交的单据转交给买方，卖方向银行提交的单据必须符合"单证相符、单单相符"的要求，即在表面上严格符合信用证规定，而且单据和单据之间应一致。

（三）对货物品质的担保

担保业务是指卖方要保证交付的货物在各方面与合同规定相符，包括所交货物的品质担保和权利担保。

品质担保是指卖方对其所售货物的设计、质量、功能特性、工艺或适用性承担的责任。这种条款需要清楚地列出，以明确卖方责任。卖方的品质担保义务是指卖方在一定时期内承担货物品质无瑕疵的一种承诺。

一般来说，如果买卖合同对货物品质、规格已有具体的规定，卖方应按合同规定的品质、规格交货；如果合同对货物的品质、规格没有做出具体规定，则卖方应按《公约》的有关规定办理。《公约》第35条规定，卖方交付的货物必须与合同规定的数量、质量和规格相符，并且必须根据合同规定的方式装箱或包装，除双方当事人另有约定外，卖方所交的货物应当符合以下要求，否则就认为其货物与合同不相符。

（1）货物适用于同一规格货物通常使用的目的。

（2）货物适用于订立合同时曾明示或默示地通知卖方的任何特定目的，除非情况表明买方并不依赖卖方的技能和判断力，或者这种依赖对他是不合理的。

（3）货物的质量与卖方向买方提供的货物样品或样式相同。

（4）货物按照同类货物通用的方式装箱或包装，如果没有此种通用方式，则按照足以保全和保护货物的方式装箱包装。

以上四项要求是在双方当事人没有其他约定的情况下由《公约》加于买方的义务，反映了买方在正常交易中对其购买的货物所抱有的合理期望。因此，只要双方当事人在合同中没有做出与此相反的规定，《公约》的上述规定就适用于他们之间的交易。

大陆法与英美法对货物品质的担保的有关规定

此外，如果买方在订立合同时知道或者不可能不知道货物不符合合同，卖方就无须承担货物与合同不符的责任。

（四）对货物权利的担保

权利担保是指卖方应保证对其所出售的货物享有合法的权利，没有侵犯任何第三人的权利，并且任何第三人都不会就该货物向买方主张任何权利。在货物销售中，卖方最重要的义务就是保证卖方确实享有出售货物的权利，卖方可以是货物的所有人，也可以是货物所有权人的代理人。一般而言，卖方的权利担保义务包括以下内容。

（1）卖方保证对其所出售的货物享有合法的权利。

（2）卖方保证在其出售的货物上不存在任何未曾向买方透露的担保物权，如抵押权。

（3）卖方保证其所出售的货物没有侵犯他人的权利，包括知识产权。

按照各国（地区）的法律，上述权利担保义务是卖方的法定义务，即使在合同中对此没有做规定，卖方仍应承担此项义务。

《公约》在第41条和第42条分别就所有权担保和知识产权担保做出规定，并要求卖方所交付的货物是任何第三人都不存在请求权的货物。

《公约》第41条规定："卖方所交付的货物，必须是第三方不能提出任何权利或要求的货物，除非买方同意在这种权利或要求的条件下，收取货物。"这项规定实质上就是要求卖方保证对所售货物享有合法权益，如果有任何第三人对货物提出权利主张或请求权，卖方应对买方承担责任。

《公约》第42条规定，卖方所交付的货物，必须是第三方不能根据工业产权或其他知识产权主张任何权利或要求的货物，但以卖方在订立合同时已知道或不可能不知道的权利或要求为限，而且这种权利或要求根据国家（地区）的法律规定是以工业产权或其他知识产权为基础的：① 如果双方当事人在订立合同时预期货物将在某一境内转售或作其他用途，则需根据货物将在其境内转售或做其他用途的国家（地区）的法律；② 在任何其他情况下，根据买方营业地所在国家（地区）的法律。

卖方在上一款中对货物只是产权担保的义务不适用于这几种情况：① 买方在订立合同时已知道或不可能不知道此项权利或要求；② 此项权利或要求的发生，是由于卖方要遵照买方所提供的技术图样、图案、款式或其他规格。

《公约》对卖方的担保要求是严格的，交付的货物必须是第三方不能提出权利或要求的，如果第三方提出要求，即使该要求没有法律依据，卖方也应承担责任。

二、买方的主要义务

买方的主要义务

《公约》第53条规定，买方的基本义务主要体现在两大方面：按合同或法律的规定支付货物价款和接收货物。

（一）按合同或法律的规定支付货物价款

1. 按合同约定或法律规定的手续支付价款

《公约》第54条规定："买方支付价款的义务包括根据合同或任何有关法律和规章规定的步骤和手续，以便支付价款。"该项规定把买方为付款所必须采取的准备行动作为其付款义务的一项组成部分。具体来说，按照合同的规定，申请银行开立信用证或银行保函；在实行外汇管制的国家，根据有关法律或规章的规定，向政府申请取得为支付货款所必需的外汇。如果买方没有履行上述按合同约定或法律规定的手续，即构成违反合同。

2. 价格的确定

《公约》第 55、56 条规定了如何合理确定货物价格：第一，买卖合同中已经明确具体地规定了价格条款或规定了明确价格的方法，买方应当按合同规定的价格付款。第二，如果合同已有效地订立，但没有明示或暗示地规定价格或规定如何确定价格，在没有任何相反表示的情况下，双方当事人应视为已默示地引用订立合同时此种货物在有关贸易的类似情况下销售的通常价格。第三，如果价格是按货物的重量规定的，如有疑问，应按净重确定。

3. 支付地点

《公约》第 57 条对支付货款的地点做了以下规定：如果买方没有义务在任何其他特定地点支付价款，他必须在卖方的营业地向卖方支付价款；或者如凭移交货物或单据支付价款，则在移交货物或单据的地点向卖方支付价款。卖方必须承担因其营业地在订立合同后发生变动而增加的支付方面的有关费用。

4. 支付时间

《公约》第 58 条规定："如果买方没有义务在任何其他特定时间内支付价款，他必须于卖方按照合同和本公约规定将货物或控制货物处置权的单据交给买方处置时支付价款。卖方可以支付价款作为移交货物或单据的条件。"《公约》第 59 条规定："买方必须按合同和本公约规定的日期或从合同和本公约可以确定的日期支付价款，而无需卖方提出任何要求或办理任何手续。"

（二）接收货物

买方的另一项基本义务是接收货物。因为货物交接，需要双方当事人配合，买方能否及时接收货物，直接对卖方的利益产生影响。卖方义务的履行依赖于买方的配合，没有买方的配合，卖方就不能履行其义务。这时买方就应为卖方履行义务提供方便。

《公约》第 60 条规定，买方收取货物的义务如下。

1. 采取一切理应采取的行动，以使卖方能交付货物

所谓一切理应采取的行动，公约未对其做明确规定，在实践中这些行动是由买卖双方在其合同中约定的。例如，及时指定交付地点或按合同规定安排有关运输事宜，以便卖方能交付货物。特别是采用 FOB 条件成交时，货物的运输工具是由买方指派的，此时，买方的配合决定卖方是否能及时交付货物。

2. 接收货物

买方有义务在卖方交货时及时接管、提取货物。接收货物是实现对货物占有权的转移，而接受货物则是实现对货物所有权的转移。如果买方仅仅收到货物，经检验发现货物严重

不符，买方有权拒绝接受货物，将已经接收的货物退还；但是如果买方已经接受了货物，则买方就不应再有退还货物的权利。

任务二　违约与救济

一、违约的概述

■ 违约

　　如果合同的当事人都能按照诚实信用的原则履行其合同义务，则大多数合同都能顺利履行。然而，事实上却并非总是如此，有些合同在订立后因为一方当事人或双方当事人违反合同约定，而最终不能实现当事人订约时的目的。当一方当事人违约时，另一方当事人可以采取救济措施。同时要明白合同当事人的责任以及违约后将承担的法律后果。

（一）违约的定义

　　国际（地区间）货物销售合同订立后，卖方和买方都有可能发生完全没有履行其合同义务，或没有完全履行其合同义务的行为，从而给对方当事人造成一定经济损失，如果没有可免责的理由（如不可抗力），这种情况就叫违约。例如，卖方不交货，不按时、不按质、不按量交货，或不按合同规定提交与货物有关的单据等；又或者是买方无理拒收货物或拒绝支付货款等。

（二）违约的分类

　　从违约的程度上分，可将违约分为两类，即根本违约和非根本违约（一般违约）；根据违约的时间，可将违约分为预期违约和实际违约。

　　《公约》第25条规定："一方当事人违反合同的结果，如使另一方当事人蒙受损害，以至于实际上剥夺了他根据合同规定有权期待得到的东西，即为根本违反合同，除非违反合同一方并不预知而且一个同等资格、通情达理的人处于相同情况中也没有理由预知会发

■ 违约的不同的分类

生这种结果。"由此可见，构成根本违约需要考虑以下条件：一是看违约造成损害的程度，即必须是给对方造成了实质性的损害；二是看违约方主观有无过错，即违约方是否预知或是否应预知损害的结果。只有具备以上两个条件才是根本违约，否则是非根本违约。非根本违约与根本违约相对应，其违约程度小于根本违约，受损害方不能主张合同无效，只能采取其他救济措施，如损害赔偿。

　　《公约》第71、72条规定，预期违约分为两种情况：一是在订立合同之后，发现对方履约能力或信用有严重缺陷，可以中止履行其义务，但必须通知对方，若对方对履行义务提供充分保证，则须继续履行合同；二是如果在履行合同之前，其行为显示他将不履行其主要义务，明显看出对方将根本违反合同，可以解除合同。实际违约发生在合同履行期

间已经届满，而履约方未能全部履行其义务，又不存在法定或约定的免责事由的情况下。

二、买卖双方的共同救济方法

在国际（地区间）贸易合同中，违约救济是指在不履行合同时受害方为了取得补偿，依照法律和合同所采取的措施。违约救济是针对受损害方，违约责任则是针对违约方。

🔲 买卖双方的
共同救济方法

1. 实际履行

实际履行是指违约方根据对方当事人的请求继续履行合同规定的义务的违约责任形式，也称继续履行、具体履行或强制履行。如在房屋买卖中，当卖方拒绝交付房屋时，买方可以向法院提起实际履行之诉求，要求卖方交付合同规定的房屋。如果买方胜诉，买方可以根据法院的判决，要求执行机关予以强制执行，令卖方交付房屋。

《公约》第 46 条规定："买方可以要求卖方履行义务，除非买方已采取与此一要求相抵触的某种补救办法。"也就是说，如果卖方不履行合同的义务，买方可以要求卖方履行其合同或公约中规定的义务。例如，卖方不交付货物，买方可以要求卖方交付货物；卖方交付的货物不符合合同，买方可以要求卖方交付符合合同的货物。采用这一补救方法时，有几点说明如下：第一，只有在损害赔偿的补救方法尚不足以弥补买方损失时，方可要求卖方实际履行合同；第二，实际履行合同不能与与其相似的救济方法并用。比如，一方当事人在撤销合同的情况下，就不能再要求对方实际履行合同。

《公约》第 28 条规定："一方当事人有权要求另一方当事人履行某一义务，法院没有义务做出判决，要求具体履行此一义务，除非法院依照其本身的法律同意对不属本公约范围的类似销售合同做出判决。"

🔲 英美法系与大陆法
系对实际履行的不
同态度

《公约》第 62 条规定："卖方可以要求买方支付价款、收取货物或履行他的其他义务，除非卖方已采取与此一要求相似的某种补救办法。"以上规定包含下列内容。

（1）当买方不支付货款、不收取货物或不履行其他义务时，卖方可以要求买方实际履行其合同义务。

（2）除非买方已采取了与这些要求相似的救济方法。

（3）法院没有义务做出实际履行的判决，判决买方实际履行其合同的支付价款和受领交付的义务，除非法院按其所在国（地区）的法律对不属于公约范围的类似合同亦将做出实际履行的判决。

2. 损害赔偿

损害赔偿是对违约的一种救济方法，对任何违约，无论违约程度

🔲 对违约方的损害赔偿
范围的具体表述

如何，受害方除可以采取其他救济措施外，都可以同时要求违约方用恢复原状或金钱赔偿的方式来赔偿受害方因违约所遭受的损失。损害赔偿是最常见的合同违约救济措施。

《公约》关于损害赔偿责任的成立主要考虑买卖双方的实际利益。《公约》没有采取过失责任原则。根据《公约》规定，当一方违约并给另一方造成了损失，另一方就有权要求赔偿损失，无须证明违约方有过失。

《公约》第74条规定："一方当事人违反合同应负的损害赔偿额，应与另一方当事人因他违反合同而遭受的包括利润在内的损失额相等。这种损害赔偿不得超过违反合同一方在订立合同时，依照他当时已知道或理应知道的事实和情况，对违反合同预料到或理应预料到的可能损失。"《公约》明确规定损害赔偿的责任范围，应与另一方当事人因其违反合同而遭受的包括利润在内的损失额相等。这就是要使受损害的一方的经济状况与合同得到履行时他本应得到的经济状况相同。《公约》对损害赔偿的责任范围有一个重要的限制，即违约一方的损害赔偿责任仅以其在订立合同时可以预见的损失为限，对于那些在订约时不可能预见的损失，违约的一方可以免责。

此外，《公约》第77条规定："声称另一方违反合同的一方，必须按情况采取合理措施，减轻由于该另一方违反合同而引起的损失，包括利润方面的损失。如果他不采取这种措施，违反合同一方可以要求从损害赔偿中扣除原可以减轻的损失数额。"由此可见，违约方对损害的赔偿范围是：第一，损害赔偿额应与实际损失额相等；第二，损害赔偿额应以违约方能够预见的损失为限；第三，对于受损方扩大的损失不予赔偿。

3. 给予违约方一段合理的额外履约期限

（1）给予卖方额外履约的期限

①《公约》第47条规定如下。

a. 买方可以规定一段合理时限的额外时间，让卖方履行其义务。

b. 除非买方收到卖方的通知，声称卖方将不在规定的时间内履行义务，否则买方在这段时间内不得对卖方违反合同的行为采取任何补救办法。但是，买方并不因此丧失对卖方延迟履行义务可能造成的损害而要求赔偿的任何权利。

② 具体来说，如果卖方不按合同规定的时间履行其义务，买方可以规定一段合理的额外时间，让卖方履行其义务。这一规定的要点如下。

a. 这是针对卖方延迟交货而规定的一种救济方法。

b. 买方不能因卖方不按时交货就撤销合同，而应该给其一段额外的合理时间让其交货，一旦卖方不在宽限期内交货或声明他将不在宽限期内交货，买方就有权宣告撤销合同。

c. 如果延期交货的行为已经构成根本性违约，则买方可以不给卖方以宽限期，立即宣告撤销合同。

（2）给予买方额外履约的期限

①《公约》第 63 条规定如下。

a. 卖方可以规定一段合理时限的额外时间，让买方履行义务。

b. 除非卖方收到买方的通知，声称他将不在规定的时间内履行义

损害赔偿数额的计算

务，否则卖方不得在这段时间内对买方违反合同采取任何补救办法。
但是，卖方并不因此丧失对买方延迟履行义务可能造成的损害要求赔偿的任何权利。

② 也就是说，卖方可以规定一段合理时限的额外时间，让买方履行义务。对这一规定有三点要予以说明。

a. 如果买方已告知卖方，他将不在卖方所规定的额外时间内履行其义务，则卖方在这段时间内可以采取其他补救措施。

b. 在宽限期内，只要买方未作出上述表示，则卖方在这段期限内不得对买方采取任何补救措施。

c. 给予宽限期并不等于免除了买方延迟履约的责任，卖方仍享有要求损害赔偿的权利。

4. 解除合同

解除合同是指合同当事人依照约定或法律规定的条件和程序行使解除权，提前终止合同的行为。《公约》第 49、64 条规定，在买方或卖方根本违反合同时，卖方或买方可以解除合同，并要求损害赔偿。受损方在以下情况下可以宣告合同无效：第一，违约方不履行其在合同或本公约中的任何义务，等于根本违反合同；第二，违约方不在受损方规定的一段合理时限的额外时间内履行义务，或违约方声明他将不在所规定的时间内履行义务。

此外，《公约》第 49、64 条对卖方和买方解除合同的时间限制做了具体规定，受损方解除合同必须在合理时间内，否则受损方将丧失解除合同权利。除非：① 对于违约方延迟履行义务，受损方在知道违约方履行义务前这样做；② 对于违约方延迟履行义务以外的任何违反合同事情。违约方在已知道或理应知道这种违反合同后一段合理时间内这样做；违约方在受损方规定的任何额外时间期满后或在违约方声明他将不在这一额外时间内履行义务后的一段合理时间内这样做。

受损方不必采取诸如催告或公证等其他手续，只需要向违约方宣告合同无效，受损方就可以行使解除合同的权利，合同就会被有效解除。但是，受损方必须向违约方发出通知，宣告合同无效，合同才能被解除。宣告无效的通知，一经发出，就产生合同被解除的法律后果。

5. 中止履行合同

（1）中止履行合同是指在一方当事人预期违约情况下，另一方当事人暂时停止履行合同义务的行为。中止履行合同是在预期违约情况下的补救措施。《公约》第 71 条规定，如果订立合同后，另一方当事人

中止履行合同的
具体情况

由于下列原因显然将不履行其大部分重要义务，一方当事人可以中止履行义务。

① 他履行义务的能力或他的信用有严重缺陷。

② 他在准备履行合同或履行合同中的行为不符合合同约定。

具体来说，在买方有预期违约的情况下，卖方可以停止发货或对在途货物行驶停运权；在卖方预期违约的情况下，买方可以停止付款。中止履行义务的一方当事人不论是在货物发运前还是发运后，都必须立即通知另一方当事人，如另一方当事人对履行义务提供充分保证，则当事人必须继续履行义务。

（2）此外，当事人还应承担以下义务。

① 必须将自己终止或解除合同的决定立即通知对方。

② 当对方提供了履行合同的充分保证时，则应继续履行合同。

③ 假如当事人一方没有另一方不能履行合同的确切证据而终止合同的履行，并给另一方造成损失，则应负违反合同的责任。

三、买方单独采取的补救措施

交货不合格时的救济措施包括交付替代物、修理、减价等。

买方要求卖方降低货物价格的标准以及应注意的问题

（一）要求卖方交付替代货物

《公约》第 46 条第（2）款规定，如果货物不符合合同约定，买方只有在此种不符合合同情形构成根本违反合同时，才可以要求交付替代货物，而且关于替代货物的要求，必须与依照第 39 条发出的通知同时提出，或者在该项通知发出后一段合理时间内提出。

（二）要求卖方对货物不符合同之处进行修理

《公约》第 46 条第（3）款规定，如果货物不符合合同约定，买方可以要求卖方通过修理对不符合合同之处做出补救，除非考虑了所有情况之后，认为修理是不够的。修理的要求必须与第 39 条发出的通知同时提出，或者在该项通知发出后的一段合理时间内提出。

（三）要求卖方减价

如果卖方交付货物不符，而买方仍然愿意接受该不符货物或者买方因为某种原因不能退还该不符货物，买方可以要求卖方减价。但是，卖方对不符货物进行补交、替换、修理，或买方拒绝卖方的上述要求，买方即不得要求降低价格。减价按实际交付的货物在交货时的价值与符合合同的货物在当时的价值两者之间的比例计算。

任务三　国际（地区间）贸易争端解决的途径

一、合同争议解决方法——沟通、弃权、修改和谈判

实际上，合同订立的双方是将其不利利益放在一边，为了互利共赢而加入交易。如果减少或消除其中任意一方或双方的利益，争议是不可避免的。虽然大多数合同是在双方完全同意或最小的分歧下完成的，但是，争议解决的预先规划是至关重要的，因为当事双方陷入不和之后，最不可能在这个问题上达成统一。

在国际（地区间）货物买卖合同中，选择争议解决的方式将取决于交易发生地的人民最熟悉或最喜欢的方式。此外，各方必须考虑到跨境合同执行中所涉及的成本，获得某种类型救济的内在延迟，以及现有机制已经发展成为有效解决争端手段的程度。美国人会很快诉诸法庭诉讼，然而中国人和日本人不愿意这样做。某些国家（地区）青睐有约束力的仲裁，而其他国家（地区）则倾向于非正式谈判和调解。开展时贸易必须清楚这些选择以及它们在自己开展业务的国家（地区）的有效性。

与境外业务伙伴之间的沟通对于维持良好关系是至关重要的。无论是轻微的矛盾，或是重大的事故，如果自己是本着理解和解决问题的想法去解决争端，以便使每个人都会满意，则自己的业务关系和声誉将会因此受益。要记住一个有用的规则：与境外商业伙伴建立的是工作上的人际关系，而不是对抗的关系。

从成本和时间花费方面来讲，争议最有效的解决方法是谈判，其次是对合同条款弃权的书面确认或修改后的合同。谈判通常是一个非正式的、非结构化的自由过程，只受到当事双方本身的限制，而且其成功取决于双方参与交易并解决分歧的愿望。

如果缔约双方无法通过非正式程序沟通，那么，使谈判有利的特质——组织限制、正式手续和中立援助——也可能导致谈判失败。采取非正式方式去解决争端，但也无法解决，就应该采取措施保护自己的权利。

TIPS

完成合同的 10 点建议

1. 避免公然怀疑对方，不要因为有违约的可能性而设想对方是完全错误的。

2. 不要轻率地用可怕的后果和处罚威胁对方，应该去解决双方之间的分歧，而不是增加分歧。

3. 试图将当地的商业文化纳入自己的企业风格中，并尊重对方的风俗。

4. 放慢步伐并让新想法萌芽。不要一直都是自己在表达，要让对方有机会仔细考虑你所说的话。

5. 每次完成一点。不要期望在第一次会议上解决全部问题。它可能需要几次

会议才能解决。您可能需要采取一些权宜措施以便争取解决争端所需的时间。

6. 不要只停留在一个问题上。合作时把注意力转移到另一个更容易解决的问题上，在更加舒适的环境下，共同解决棘手的问题。

7. 愿意妥协，要相信从长远来看，维持合同顺利进行是值得的。

8. 给对方留有余地，而不会造成尴尬。

9. 不要过于情绪化或过于激动。

10. 在每次会议之前，为创建一个你想达成的结果的积极愿景。

二、调解

调解过程本质上是由客观第三人推动的谈判。双方仍然是在此过程中的决策制定者，调解者协助保持沟通渠道的畅通，在确定和解决每个问题的过程中分别指导各方，并准备最终达成协议。虽然多年来使用调解一直是解决非商业纠纷的常用手段，但它越来越多地被用于商业和国际（地区间）舞台上。

■国际（地区间）贸易争端解决的途径——调解

（一）调解的优缺点

调解的重点是双方的未来关系。这个过程的目的是让各方修复，然后建立一种更持久的关系，以便将来能够继续互利。调解常常导致双方的妥协，从而都是赢家。

这个过程是非正式的，相对容易和快速，而且比仲裁或审判的成本低。调解也是无约束力和自愿的，所以，双方不太关注争取权利，反而是更关注有建设性地保护他们的利益。调解的另一个优点是保密，在此过程中披露的信息，以及所达成的任何协议都不会被公开。

■国际（地区间）贸易争端解决的途径——仲裁

（二）调解的过程

双方当事人通常选择一个调解人，或在诉讼前由法庭提起调解。调解员可以单独会见各方以查明和澄清纠纷问题，并举行联席会议去协助他们达成协议。会议将致力于改善双方之间的沟通，并指导他们找到各自的解决方法。调解人可以制订解决方案并推荐给双方，但不会将解决方案强加给双方。如果没有达成统一，调解员不会偏向任何一方做决议。相反，调解只是没有成功。

三、仲裁

商业交易双方在合同中规定，任何有关合同解释或合同履行协议的争议将通过仲裁解决。仲裁是指由客观的第三者对争议的是非曲直进行评判并做出裁决的一种审判程序。由于仲裁的正式形式和果断性，它在商界相当受欢迎。

（一）仲裁的优点

仲裁受欢迎可能是因为一系列的原因。第一，它比法院的审判的花费更少且速度更快。第二，当事双方往往对决策者的选择有更多的控制，由于各方通常选择仲裁员，但对审理案件的指定法官却没有支配力。第三，在仲裁程序中，许多管理程序和接纳证据的规则被放宽了，至少与审判制度相比。

如果遵守以下要点，仲裁就是一个有效的补救措施。

（1）选择一套公认的规则来管理仲裁过程。

（2）任命一名理解这一过程的仲裁员，他熟悉仲裁过程，熟悉争议事项，在特定行业拥有技术专长，掌握合约的适用法律知识，并能够积极地处理整个过程。

（3）聘请熟悉仲裁程序和国际贸易惯例的法律顾问。

（4）在听证会之前和期间遵守仲裁员所规定的时间限制。

（5）把程序或证据决策方面的请求限制于那些真正需要解决的问题上。

（6）配合提供书面文件证据和证明。

（7）避免情绪化言辞，并重点关注争议问题。

（8）提出一个有条理、有说服力的论证（无论是通过法律顾问的，还是自己提交的）。

（9）仔细倾听对方的陈述，并确保自己的陈述切中要点。不要夸大事实情况。

（二）仲裁的缺点

在国际（地区间）环境中应谨慎使用仲裁。在许多国家（地区），仲裁是不被认可或受到质疑的。仲裁请求可能被视为对境外合作商的个人侮辱，而不是解决争议的手段，它可能会破坏通过私人谈判来和解的可能性。

与审判程序相比，仲裁费用相对较低，但并不意味着仲裁的费用便宜。仍然需要获得法律咨询和代理帮助，陈述、汇编证据，支付仲裁员和仲裁的费用，支付证人的费用，如果你不是仲裁裁决受益人的话，还要支付仲裁决议裁定的赔偿金。

仲裁程序往往侧重于案件的事实和当事人的权利，而不是其未来的需要和目标。仲裁会解决过去的矛盾，但往往不会建立持久的人际关系。仲裁的对抗性本质上会导致一方成为赢家，而另一方成为失败者。这个结果可能会使双方的未来交易前景不明。

对于不能通过非正式手段解决的争议，仲裁可能是最有效的。当事双方在争取第三方决策者中立态度的同时，还可以避免法院审判的费用。

（三）仲裁的过程

仲裁程序是由选定仲裁地区的法律、法条和法规来进行控制的。因此，仲裁程序将根据各方选择的地区不同而有所变化。在跨境交易中，各方通常指定其争议将通过国际公认的仲裁机构予以解决。它们包括美国仲裁协会（AAA）、国际商会（ICC）、伦敦国际仲裁院（LCLA）、日本商事仲裁协会（JPAA），联合国国际贸易法委员会（UNCITRAL）、联合国欧洲经济委员会（UNECE）、联合国亚太经济社会委员会（ESCAP）和美洲商事仲裁委员会（LACA）。

仲裁程序有点像庭审。双方一般会为他们的案子选择仲裁员或请求仲裁庭给本案任命一名仲裁员。在某些仲裁中，被任命的仲裁员小组一般由三人组成。仲裁者控制着仲裁进程，甚至有权传唤证人（发出命令要求证人出现在仲裁过程中）。留给当事人较短的时间来寻找和准备证据。在仲裁期间，各方将有机会来陈述个人情况。仲裁员将决定程序性，证据性和实质性的问题，确定索赔，并做出裁决。仲裁员的裁决可能包括损害赔偿、仲裁过程费用和律师费用。该裁决可由法庭强制执行。

四、诉讼

🔹 国际（地区间）贸易争端解决的途径——诉讼

即使是在最好的情况下，诉讼也是昂贵、费时的。即使最终以你要求的方式解决了，但仍然没有解决受到关注的基本问题：收取欠款或合同条款的实际履行。在现实中，在境外法庭进行诉讼一般不会得到有利的结果——即使在花费了大量的时间和金钱之后。许多国家（地区）的法庭会偏向自己的居民。所以最好的建议是避免诉讼。如果确实在境外卷入了法律斗争中，那么尽快聘请当地最好的律师。

（一）诉讼的优缺点

1. 诉讼的优点

诉讼案件的判决在许多司法管辖区被设定为法庭判例。涉及国际（地区间）交易的个案判决是有说服力的或获得国际公认的。

在许多国家，法院制度是发达且有效的，甚至比其他解决争端的可替代的手段更为有效，可能会得到一个快速且公正的审判。作为获胜方，可以获得赔偿费用以及律师费，并且法庭官员会严格执行审判结果。

2. 诉讼的缺点

选择的司法管辖区和向法院提交诉讼案件时会遇到的第一个不利情况是：必须找到一个接收诉讼的法院。如果对方在收到判决的司法管辖区内没有资产，还不得不向对方有资产的国家（地区）寻求当地法院或当局对判决的认可。

（二）诉讼的过程

各国（地区）之间的法庭程序是不同的，各地市之间的法庭程序也是不同的。一般来说，诉讼是通过提交大量文件开始的，并通过通常被称为"过程服务"的程序把其中很多文件同时提供给原告。接下来就是双方之间提出诉求、反诉以及回应等反复的讨价还价的过程。

项目实训

▶ **实训内容一**

1. 设计调查问卷

了解在义乌从事国际（地区间）贸易的人群对国际（地区间）货物买卖合同买卖双方的权利和义务的看法，并将调查结果与课堂中所学内容进行对比。

2. 搜集国际（地区间）贸易中的各类违约以及所对应的救济方法

向从事国际（地区间）贸易的公司搜集其实际业务过程中遇到的各类违约以及所采取的对应救济方法；并判断该违约为国际（地区间）贸易中的哪种违约，依据是什么；该救济方法是哪种救济方法，依据是什么。

▶ **实训目标**

1. 培养学生收集资料、分析资料并完成一般综合设计项目的能力。

2. 培养学生严谨求实、理论联系实际的科学学习态度。

3. 培养学生良好的与人沟通的能力，包括基本商务礼仪、语言表达能力。

4. 培养学生良好的抗挫能力和自信心。

▶ **实训步骤**

1. 以小组为单位设计调查问卷并提交，在得到老师肯定的回复后即可进行问卷调查。

2. 每个小组至少完成 10 份调查问卷，汇总后进行调查结果的总结分析，并提交报告。

3. 以小组为单位去从事国际（地区间）贸易的公司搜集国际（地区间）贸易中的各类违约以及所对应的救济方法。

4. 根据搜集到的资料来判断是国际（地区间）贸易中的哪种违约及哪种救济方法，并提交作业。

▶ **实训步骤**

国际商贸城、外贸公司等。

思考与练习

一、判断题

1. "违约金"是双方当事人约定的对可能的损失的赔偿金额，而不是去计算受害方实际发生的准确的损失。（　　　）

2. 限定一方当事人对间接损失的责任是困难的。（　　　）

3. 通常卖方的销售条件和买方的购买条件都是合同的组成部分。（　　　）

4. 国际（地区间）贸易中解决争议的方式有多种，其中调解与仲裁都是有第三方参与，并是建立在自愿基础上的。（　　　）

5.买卖双方在合同中可以同时选择仲裁和诉讼两种解决争端的方式。（   ）

二、单选题

1.下列不属于卖方权利担保义务的是（   ）。

A.保证对其所出售的货物享有合法的权利

B.保证其所出售的货物没有侵犯他人的权利

C.保证交付的货物与合同规定的数量、质量和规格相符

D.保证其所出售的货物不存在任何未曾向买方透露的担保物权，如抵押权

2.根据英美法，交易双方规定的"罚金条款"，法院在以下哪种情形会执行？（   ）

A.基于双方真实的意思表示

B.赔偿的金额是受害方实际损失的

C.它将不会被执行

D.在发生实际损失的情况下

3.法院在哪种情况下会允许解除合同？（   ）

A.违反条件

B.违反任意合同条款

C.违反担保

D.重大违反条件，并且违约涉及合同的根基

4.通过协商解决国际商务纠纷的缺点是（   ）。

A.节省诉讼费

B.增进双方的友好关系

C.有利于利益的执行

D.协议不具有法律效力

5.你认为法院应当根据合同中条款的名称还是根据该条款实际规定的义务来判断？换言之，就法律而言，什么是更重要的，合同中所使用的条款名称还是当事人实际承诺的内容？（   ）

A.名称

B.实际规定的义务

C.名称或者实际规定二选一

D.两者都有

三、名词解释

1.违约。

2. 救济。

3. 实际履行。

4. 损害赔偿。

5. 调解。

四、简答题

1. 国际（地区间）买卖合同的当事人有哪些基本的权利和义务？

2. 解决争议的方法有哪些？

3. 何谓仲裁？仲裁有何特点？

4. 什么是根本性违约？

5. 卖方对货物的品质担保义务的最低要求是什么？

五、案例分析

1. 有一份 CFR 合同，A 出售 1000 吨小麦给 B，当时在 A 装运的 3000 吨散装小麦，有 1000 吨是卖给 B 的，货物运抵目的港后，将由船公司负责分拨。但受载船只途中遇到风险，而使该批货物损失 1200 吨，其余 1800 吨安全抵达目的港，但 A 宣布出售给 B 的 1000 吨小麦已在运输途中全部损失，并且认为按 CFR 合同，A 对此项风险不负任何责任。

问：A 是否应当承担向 B 交付的义务？

2. 中国 A 公司与日本 B 公司签订一份成套机械设备购销合同，合同约定采用 CIF 伊斯兰堡，A 公司指示 B 公司开出以土耳其 C 公司为收货人的指示提单。货物从日本东京装运，货物在途中，承运人收到 C 公司的指示，将货物运到荷兰鹿特丹，并保证承担给承运人带来的运费和船期损失。货物抵达鹿特丹后，荷兰 D 公司凭提单提货，在使用过程中，E 发现其中有两项技术侵犯了其专利，其中有一项专利同时在中国获得专利。于是 E 向法院提起诉讼，要求 B 公司承担侵权责任。

问：卖方对货物的承担哪些权利和义务，本案中法律责任应如何分配？

3. 卖方 A 与买方 B 在半年内先后订立了 12 种商品的 24 份合同，当卖方 A 正准备履行第 14 份合同交货时，发现前面有 5 份合同，买方 B 延迟了付款，一共拖欠了 A 30 万美元，因而 A 怀疑 B 的信用有问题，因此，通知 B 中止履行第 14 份合同，为此，双方发生争议。

问：买方违反了什么义务？

4. 中国的甲公司与美国的乙公司订立了一份国际（地区间）货物买卖合同。合同约定：甲公司出售一批木材给乙公司，履行方式为：甲公司于 7 月份将该木材自东阳交铁路发运至义乌，后由义乌船运至美国洛杉矶，乙公司支付相应对价。但 7 月份，甲公司没有履行。8 月 3 日，乙公司通知甲公司，该批木材最迟应在 8 月 20 日之前发运，8 月 10 日，甲公司依约将该批木材交铁路运至义乌。但该批木材在自义乌至洛杉矶的运输途中因海难损失 80%。由于双方对货物灭失的风险约定不明遂发生争执。乙公司认为，甲公司未于 7 月份履行合同违约在先，应承担损害赔偿责任，合同因甲公司未按时履行义务已终止，故货物损失的风险理应由甲公司承担。

问：

（1）乙公司是否有权要求甲公司承担损害赔偿责任？为什么？

（2）乙公司认为办案合同因甲公司违约已经终止的观点是否正确？为什么？

（3）本案中，货物损失的风险应由谁承担？为什么？

5. 中国某公司向美国某公司进口 20 台精密仪器，每台 30000 美元，合同规定："任何一方违约应支付另一方违约金 10000 美元。"事后卖方只能交货 12 台，其余 8 台不能交货。当时因市场价格上涨，每台价格为 40000 美元。卖方企图赔付违约金 10000 美元而了案，但买方不同意。

问：本案应如何处理？

参考文献

关月，张桥丽．常用合同文书写作 [M]．云南：云南大学出版社，2005．

国际商会 (ICC)．国际贸易术语解释通则 2010 [M]．国际商会中国国家委员会，译．北京：中国民主法制出版社，2011．

国际商会中国国家委员会．2000 年国际贸易术语解释通则 [M]．北京：中信出版社，2000．

龚柏华．国际商事合同制作原理 [M]．上海：立信会计出版社，2005．

黄艺．国际贸易合同 [M]．北京：中国人民大学出版社，2013．

卡拉·希比，倪晓宁．国际商务合同：第 4 版 [M]．北京：中国人民大学出版社，2012．

兰天．国际商务合同翻译教程 [M]．辽宁：东北财经大学出版社，2011．

黎孝先．国际贸易实务：第 4 版 [M]．北京：对外经济贸易大学出版社，2007．

秦定．国际贸易合同实践教程 [M]．北京：清华大学出版社，2007．

尚明．国际统一私法协会国际商事合同通则中英文对照（修订版）[M]．北京：法律出版社，2004．

吴百福．进出口贸易实务教程 [M]．上海：上海人民出版社，2000．

薛刚，阮坚．国际贸易合同操作实务 [M]．广州：广东经济出版社，2009．

杨静．国际商务合同双语教程 [M]．大连：东北财经大学出版社，2016．

赵承璧．国际货物买卖合同 [M]．北京：对外经济贸易大学出版社，2001．

http://www.fnfnet.com/leftmenu/commical/chnkaishu.asp.

http://www.hicourt.gov.cn/bbs/show_con.asp?id=1484&a_id=10.

http://media.open.com.cn/media_file/rm/dongshi2005/guojijingjifa/chapter2/chapter2-3-5.htm.

http://hetong.110.com/s?a=c&cid=13.

http://china.findlaw.cn/hetongfa/hetongfanben/jjhtyb/32198.html.